HEXIN SUYANG SHIDAI
ZENYANG SHANGHAO KEXUE KE

U0732347

核心素养时代
怎样上好科学课

● 国红梅 著

辽宁师范大学出版社
·大连·

图书在版编目（CIP）数据

核心素养时代怎样上好科学课 / 国红梅著. -- 大连：辽宁师范大学出版社，2024.11. -- ISBN 978-7-5652-4541-1

Ⅰ. G623.62

中国国家版本馆 CIP 数据核字第 2024FD9390 号

HEXIN　SUYANG　SHIDAI　ZENYANG　SHANGHAO　KEXUE　KE

核 心 素 养 时 代 怎 样　上 好 科 学 课

责任编辑：郝晓红

责任校对：刘海莲　李潇潇

装帧设计：方力颖

出　版　者：辽宁师范大学出版社

地　　　址：大连市黄河路 850 号

网　　　址：http://www.lnnup.net

　　　　　　http://www.press.lnnu.edu.cn

邮　　　编：116029

营销电话：(0411)82159126　82159220

印　刷　者：大连图腾彩色印刷有限公司

发　行　者：辽宁师范大学出版社

幅面尺寸：185mm×260mm

印　　　张：10.5

字　　　数：210 千字

出版时间：2024 年 11 月第 1 版

印刷时间：2024 年 11 月第 1 次印刷

书　　　号：ISBN 978-7-5652-4541-1

定　　　价：48.00 元

写在前面的话

在历史的长河中,科学以其独特的魅力,不断推动着人类文明的进步与发展。从古老的天文观测到现代量子力学的探索,科学的每一次飞跃,都深刻地改变了我们的世界观、生活方式乃至社会结构。在 21 世纪的今天,面对快速变化的世界和复杂多变的挑战,传统的知识传授已难以满足社会对人才培养的需求。核心素养,作为适应个人终身发展和社会发展需要的必备品格和关键能力,逐渐成为全球教育界关注的焦点。在这样的背景下,科学教育作为培养学生科学素养、创新思维和解决问题能力的重要途径,其重要性不言而喻。

回顾我的教学生涯,从最初执教自然课的稚嫩青涩,到如今执教科学课的从容不迫,我深刻体会到科学不仅仅是冷冰冰的数据和公式,它更蕴含着人类对自然界的敬畏与探索精神。科学教育不仅仅是知识的传授,更是思维的启迪、方法的训练和品格的塑造。作为一名长期工作在科学教育教学领域的"老兵","既是教练员,又是运动员"的身份让我深刻感受到,上好一堂科学课并非易事。它需要教师具备扎实的专业知识,更需要教师拥有先进的教育理念、灵活的教学方法和对学生个体差异的深刻理解。传统的教学方法已难以满足现代教育的需求,学生们需要的是一个能够激发他们好奇心、鼓励他们自主探索,并且能够将所学知识与实际生活相联系的学习环境。

我撰写这本书的初衷,正是希望能与科学教育同行们分享一些实践性的建议和方法,共同探讨如何在核心素养的引领下优化科学课堂教学。为此,我广泛搜集国内外关于核心素养和科学教育的最新研究成果,结合自己多年的教学实践和反思,力求呈现一个全面、系统、实用的科学教育指南。但教育是一项需要不断创新和实践的事业,本书虽提供了一些有益的参考和建议,但尚未能涵盖科学教育的所有方面。因此,我期待同行们在阅读这本书的过程中,能够结合自己的教学实践进行思考和探索,上好每一节科学课。希望我们的共同努力能让每一堂科学课都成为孩子们探索未知世界的奇妙旅程,为他们的未来奠定坚实的基础。

最后,真诚感谢在本书撰写过程中给予我支持、帮助和鼓励的家人、同事以及出版社的工作人员,更要感谢业界专家、前辈的专业引领。鉴于笔者经验有限,所著内容难免存在不妥之处,恳请各位读者提出宝贵意见。

国红梅

2024 年 10 月 10 日

目 录

第一章　核心素养篇

　　当今世界正在经历百年未有之大变局。教育到底应该培养什么样的人？或者说，青少年一代应当具备什么样的素质才能够很好地适应未来社会发展的需要？承担着培养青少年科学兴趣、引导青少年树立科学志向重要使命的小学科学课迎来了前所未有的挑战。

　　2014年3月，《教育部关于全面深化课程改革　落实立德树人根本任务的意见》中首次出现"核心素养"一词，核心素养自此进入大众视野。2016年9月，《中国学生发展核心素养》总体框架正式发布，引发了教育界内外的高度关注，核心素养成为中小学教育教学研讨的重要议题。2022年4月，教育部印发《义务教育课程方案和课程标准（2022年版）》，标志着我国义务教育课程改革全面迈入核心素养时代。

　　"核心素养"作为一个统率教育改革的上位概念，既是课程目标，也是新的课程观，必然引领并拉动小学科学课程的所有教育教学活动的变革。因此，学习、理解核心素养，是新时代科学课教师的首要任务。

第一节　核心素养概述

一、核心素养的内涵

　　"核心素养"一词并非中国本土概念，是从"Key Competencies"或"Key Competences"翻译而来的，是我国学者在吸收国外"关键能力"理论基础上创造性地提出的概念。华东师范大学钟启泉教授称其为新时代学校"课程发展的DNA"。准确理解核心素养的内涵，是构建科学学科课程体系的出发点。我们可以从以下几方面提升对它的认识：

（一）国际范围内对核心素养内涵的界定

1.经合组织（OECD）

经合组织是经济合作与发展组织的简称,是国际上最早提出核心素养概念的机构。经合组织将核心素养界定为"素养不只是知识与技能,它是在特定情境中,通过利用和调动心理社会资源（包括技能和态度）以满足复杂需要的能力",具体分为三个维度,即能互动地使用工具、能在异质社会团体中互动、能自主地行动。在此框架中,"能互动地使用工具"这一核心素养强调了个体在利用技术和信息工具方面的能力和素养;"能在异质社会团体中互动"强调了个体在多元化社会环境中与他人进行有效互动的能力;"能自主地行动"则强调了个体在现代社会中的自主性和自我管理能力,以及他们在复杂环境中独立思考、解决问题和履行社会责任的能力。这三类核心素养的内在逻辑是人与工具、人与社会、人与自我的关系,"它们有机联系、互动、整合,是适应不同情境的需要而不断变化的动态结构"。

经合组织的界定体现了其对个体在现代社会中所需具备的关键能力和品格的深入理解和重视。

2.欧洲联盟

欧洲联盟简称"欧盟",在 2006 年的《终身学习核心素养:欧洲参考框架》中,对核心素养这样界定:"核心素养是所有个体达成自我实现和发展、成为主动的公民、融入社会和成功就业所需要的那些素养。"包括母语交际、外语交际、数学素养和基础科技素养、数字素养、学会学习、社会与公民素养、首创精神和创业意识、文化意识和表达八项核心素养。同等重要的八项核心素养彼此交织,相互重叠,旨在通过培养这些核心素养,提高个体的综合素质和竞争力,构建一个更加统一协调的欧洲教育体系,体现出欧盟核心素养框架对核心素养与知识、技能之间关系的理解。

3.美国及其他国家

美国的"21 世纪技能"界定为:"21 世纪素养远超出基本的读、写、算技能,即指如何将知识和技能应用于现代生活情境。"这个全面而系统的教育框架,强调批判性思维、问题解决能力、交流与合作能力,同时注重跨学科主题的学习,包括全球意识、金融素养、公民素养和健康素养等,意在培养学生在 21 世纪所需的核心能力和素养。

日本提出的"21 世纪型能力",是指适应 21 世纪社会和经济发展需求的能力,由基础力、思考力和实践力"三力"构成。基础力是通过熟练使用语言、数学、信息通信技术等来实现目标的技能,它为后续的能力培养提供了坚实的基础;思考力则强调学生的自主学习、自我判断及与他人商讨、整合想法的能力,它是解决问题、创造新知识的重要驱动力,是核心;实践力涵盖了生涯规划、有效沟通、共同参与构建社会及伦理道德意识和市民责任感等能力,它引导着思考力的运用,帮助学生将所学应用于实际生活。

虽然这些国际组织和国家对核心素养有各自不同的界定,但我们从中会发现,其共同指向都是关注人的能力,特别是适应社会发展的创新能力,学习能力,交流、沟通与合作能力,以及跨文化素养等,简化为"协作、交往、创造性、批判性思维"这四大素养,构成"世界共同核心素养"。世界共同核心素养是对 21世纪"教育要培养什么样的人"的共同追求,充分反映出知识经济、信息化、全球化等对人的素质的要求,体现了世界教育的发展趋势。

(二)中国学生发展核心素养

为将立德树人根本任务落到实处,教育部于 2014 年印发《教育部关于全面深化课程改革 落实立德树人根本任务的意见》,这是我国首个明确提出"核心素养"概念的正式文件,对基础教育影响巨大。文件中提出:"教育部将组织研究提出各学段学生发展核心素养体系,明确学生应具备的适应终身发展和社会发展需要的必备品格和关键能力。"历时三年的研究,2016 年 9 月 13 日,《中国学生发展核心素养》研究成果发布,根据这一研究成果,我们对核心素养有了更加全面深刻的认识:

中国学生发展核心素养主要指学生应具备的、能够适应终身发展和社会发展需要的必备品格和关键能力。这些核心素养以科学性、时代性和民族性为基本原则,以培养"全面发展的人"为核心,分为文化基础、自主发展、社会参与三方面。这三方面又综合表现为人文底蕴、科学精神、学会学习、健康生活、责任担当、实践创新六大素养,具体细化为国家认同等十八个基本要点。

首先,人文底蕴和科学精神是学生发展的两大基石。人文底蕴涵盖了学生在学习、理解、运用人文领域知识和技能时所形成的基本能力、情感态度和价值取向,包括人文积淀、人文情怀和审美情趣等。而科学精神则体现在学生的理性思维、批判质疑和勇于探究等方面。

其次,自主发展是核心素养的重要组成部分。学会学习是学生在学习意识形成、学习方式方法选择、学习进程评估调控等方面的综合表现。同时,健康生活也是学生发展的一大方向,涵盖了认识自我、发展身心、规划人生等方面,如珍爱生命、健全人格、自我管理等。

最后,社会参与也是学生核心素养的重要体现。包括学生能够处理好自我与社会的关系,遵守和履行现代公民的道德准则和行为规范,增强社会责任感,提升创新精神和实践能力,促进个人价值实现,推动社会发展进步。

中国学生发展核心素养的发布,体现了我国教育改革的需要,适应了世界教育发展的趋势,回应了时代对人才培养的新要求,"即从对学习内容的关注转向对学习结果的关注,从对课程标准、教材的要素的关注转向对'培养什么样的人''怎样培养人''为谁培养人'的功能的关注"。

（三）科学课程核心素养内涵的界定

纵观国际视野下对核心素养内涵的界定,结合我国各个学科相关研究的实际情况,《义务教育科学课程标准（2022年版）》明确指出:"科学课程要培养的学生核心素养,主要是指学生在学习科学课程的过程中,逐步形成的适应个人终身发展和社会发展所需要的正确价值观、必备品格和关键能力,是科学课程育人价值的集中体现,包括科学观念、科学思维、探究实践、态度责任等方面。"据此,《义务教育科学课程标准（2022年版）解读》中这样表述:"在我国基础教育改革中,将核心素养界定为:'学生在接受相应学段的教育过程中,逐步形成的适应个人终身发展和社会发展需要的正确价值观、必备品格与关键能力。'"

我们应当认识到,核心素养是一个由教育目的、学科育人目标、课堂教学目标所构成的完整育人目标体系,其核心是创造性思维能力和复杂交往能力。核心素养亦被称作"21世纪素养",是"知识、技能、态度、价值观和情绪的集合体",其内涵要兼顾"个体发展"与"社会发展"的双重取向。

当然,关于核心素养的内涵,国内教育界的认识也还存在一定的模糊性。这可能是因为"核心素养"是一个相对新兴的概念,其定义和内涵还在不断地发展和完善中。比如褚宏启教授认为,"核心素养"就是"关键素养",他还据此把核心素养界定为"为了适应21世纪的社会变革,人所应该具备的关键素养",简言之,核心素养即"21世纪关键素养"。这提醒我们在未来的研究和实践中,需时刻保持对核心素养的关注,继续深化对核心素养的理解和认识,指导自己的教学实践,更好地推动科学教育教学的进步和发展。

二、核心素养的特性

特性是指某一事物所特有的性质。核心素养是为应对信息化、全球化与知识经济社会对人才培养需求变化而产生的,代表了当前社会和教育领域对人才培养的新要求和新方向。核心素养作为课程改革一次华丽转身的标志,被赋予以下特性。

（一）时代性

每个时代都有其独特的教育目标和理念,这些目标和理念与当时的社会发展、科技进步及人们的价值观念紧密相连。核心素养的时代性主要体现在它符合时代对人才培养的要求,与时代背景、时代精神相契合,体现在它与时代的教育理念、社会发展及科技进步紧密结合。

当今时代,以人为本成为教育重要的哲学特征。教育不仅仅是传授知识,更是塑造人的价值观、态度和行为方式的过程。教育目标的核心是以人的发展为重点,强调每个人的全面发展、持续发展。这种关注点的转变也反映在核心素养的构成上。核心素养不仅涵盖了传统意义上的知识和技能,还强调了情感、价值观、态度等非认知领域,以及适应终身发展和社会发展需要的必备品格和关键能力。

此外,课程、教学及评价方式也都在围绕核心素养进行变革。课程发展超越了知识本位和学科结构主义,更加注重学生的素养发展;教学方式从传统的教师讲授转变为更加关注学生个体差异和个性化需求的教学模式;评价方式也更加注重学生的核心素养发展,而非单一的知识掌握程度。

（二）跨领域性

核心素养的跨领域性表现在它超越了单一学科或单一领域的界限,具有跨学科性。这意味着它不仅仅局限于某一特定学科的知识和技能,还涉及多个学科的内容。这种跨学科性使得核心素养能够在不同的学科领域中发挥作用,帮助学生解决各种复杂问题。此外,核心素养还具有在不同情境中的可迁移性和可联结性。它不仅应用于学科知识的学习,还能够联结学科知识与生活世界,解决真实情境中的问题。这种可迁移性和可联结性使得核心素养能够灵活地适应不同的环境和情景,帮助学生应对各种挑战。因此,核心素养的跨领域性对学生成长具有深远的影响。

1.有助于学生形成全面的知识体系。通过跨越不同学科和领域的学习,学生能够接触到更广泛的知识内容,从而建立起一个更为完整、综合的知识结构。这种全面的知识体系有助于学生更好地理解世界,形成更深刻的认知。

2.能够提升学生综合解决问题的能力。在现实生活中,许多问题往往涉及多个学科和领域的知识,具备跨领域素养的学生能够综合运用不同领域的知识和技能,更全面地分析问题、提出解决方案。这种能力对他们在未来的学习、工作和生活中应对复杂挑战具有重要意义。

3.有助于培养学生的创新精神和创造力。在跨界合作与学习中,学生能够接触到不同的思维方式和观点,从而激发创新思维。同时,跨领域素养也能够提升学生的想象力和创造力,使其在面对未知领域时能够勇敢地探索和创新。

总之,核心素养的跨领域性有助于个体在多个领域中展现出卓越的能力和素质。在教育教学中,实施基于核心素养的跨界教学,如跨学科主题学习等,可以有效促进学生的全面发展。

（三）综合性

综合性强调核心素养不是单一的能力或技能,而是多种能力和素质的融合,主要体现在它涵盖了多个方面的关键能力和必备品格。这些方面不仅包括传统的知识和技能,还涉及情感、态度、价值观等非认知领域。具体有以下几方面:

第一,核心素养是跨学科的知识与技能、过程与方法、情感态度与价值观的总体整合。这意味着它不仅关注某一学科或领域的能力发展,还注重在多个学科和领域中培养学生的综合能力和素质。

第二,核心素养强调学生在解决复杂的、带有不确定性的现实问题的过程中所表现出来的潜在的综合性品质。这种品质是学生内在特质的体现,无法直接观测,但可以通过他们在具体任务中的实际表现来加以推测。

第三,核心素养的构成要素也是多方面的,包括批判性思维、创新思维、社交与情感智慧、文化素养、全球视野与跨文化沟通等。这些要素共同构成了核心素养的综合性特点,有助于个体适应未来社会生活的各种挑战。

核心素养的综合性体现了其对于个体全面发展的重要性,有助于培养适应未来社会需求的人才。在教育实践中,应该注重通过各种途径来落实核心素养的培养,以促进学生的全面发展。

（四）复杂性

核心素养的复杂性主要体现在其内涵的丰富性、结构的层次性、应用的多元性上。

1.核心素养的复杂性在于其涵盖的范畴非常广泛。它不仅包括基础知识和基本技能的掌握,更强调创新思维、批判性思维、合作能力、沟通能力及问题解决能力等高阶能力的培养。这些能力相互交织、相互影响,共同构成了核心素养的复杂体系。

2.核心素养的结构具有层次性。它涉及个体在不同发展阶段的认知、情感、价值观等多方面的成长,需要学生在不断地学习、实践和反思中逐步形成和完善。这种层次性使得核心素养的培养过程复杂而深入,需要教育者根据学生的实际发展水平进行有针对性的指导。

3.核心素养的应用具有多元性。在现实生活中,个体需要运用多种核心素养来应对各种复杂情境和问题。这些情境和问题可能涉及不同领域、不同文化背景,甚至可能充满不确定性。因此,个体需要具备灵活运用各种核心素养的能力,以便在复杂多变的环境中作出明智而富有创造性的决策和行动。

核心素养的复杂性体现了其作为现代教育理念的核心价值所在。在教学实践中,我们需要充分认识到核心素养的复杂性,并采取有效的教育策略和方法来促进学生的全面发展。

（五）动态性与发展性

核心素养不是一成不变的,它会随着个体的成长和社会的发展而不断变化和发展。从教育的角度看,核心素养的动态性与发展性符合教育目标的时代性和前瞻性要求。随着社会的进步和科技的发展,教育的目标也在不断调整和更新。核心素养作为教育的核心目标,其动态性与发展性能够确保教育内容与时代需求同步,使得教育始终走在时代的前沿。这有助于培养适应未来社会需求的创新型人才,推动社会的持续进步和发展。

对于个人成长而言,核心素养的动态性与发展性是实现终身学习和个人可持续发展的关键。一个人的成长过程是一个不断学习和发展的过程,而核心素养的培养不是一蹴而就的,需要长期的积累和磨砺。核心素养的动态性与发展性意味着它可以根据个体的成长阶段和社会环境的变化进行适时调整和完善,使个体能够始终保持与时代同步,不断提升自己的能力和素质。

核心素养的动态性与发展性还有助于培养个体的适应能力和创新精神。面对快速变化的社会环境和不断更新的知识体系,学生只有具备超强的适应能力和创新精神,才能应对各种机遇和挑战。核心素养的动态性与发展性可以激发学生的学习热情和探索精神,使其在变化中寻求机遇,在挑战中不断成长。

我们应充分认识到,核心素养的动态性与发展性是有助于教育的与时俱进、有助于个体的终身学习和可持续发展的特性,在实践中能为培养具有创新精神和实践能力的未来人才奠定基础。

综上所述,核心素养是在对传统"双基"和"三维教学目标"继承与发展的基础上,在"经济与社会发展所带来的新的教育诉求与反思、全球学力比较背景下的竞争压力"这两大动力驱使下发生发展的,其特性相互关联、相互作用,共同构成了一个人全面发展的基础。

第二节　小学科学课程核心素养的概述与实践意义

一、小学科学课程核心素养的概述

(一)小学科学课程核心素养的内涵

《义务教育科学课程标准(2022年版)》明确指出:"科学课程要培养的学生核心素养,主要是指学生在学习科学课程的过程中,逐步形成的适应个人终身发展和社会发展所需要的正确价值观、必备品格和关键能力,是科学课程育人价值的集中体现,包括科学观念、科学思维、探究实践、态度责任等方面。"这是基于国际组织和世界各国对核心素养内涵的界定,借鉴不同学科对核心素养的研究,以及把握中国学生发展核心素养的定义后,为小学科学学科"要培养什么样的人"勾勒出的人才画像。

(二)科学课程要培养的学生核心素养各要素之间的关系

科学课程的学生核心素养包括科学观念、科学思维、探究实践和态度责任四个方面。它们共同构成一个完整的科学课程育人体系,为我们全面认识和理解科学学科核心素养提供了有力的支持。

1.科学观念

科学观念是科学学科核心素养的重要组成部分,是科学课程本质属性的集中体现,也是核心素养其他方面的基础。在小学科学课中,学生的学习内容是包括生物、化学、物理、地理等学科在内的自然界和人类社会的基本事实和规律。学生基于对这些科学概念、规律、原理的深入理解,形成对客观事物的本质和规律的基本认识。科学观念的形成有助于学生更好地理解和解释自然现象,能够培养学生解决问题的能力,使他们能够从科学与技术的视角出发,解决实际生活中遇到的问题。

为了帮助学生更好地理解和应用科学观念,在小学科学教学中,教师可以通过组织实验、观察、讨论等教学活动,充分发挥学生在探究活动过程中的主体作用,让学生在探究的过程中学会探究方法。此外,教师还可以结合具体案例和实践,引导学生从实际生活中发现问题、提出假设、进行实验验证,培养他们的观察能力、思维能力和自主探究能力。

2.科学思维

科学思维是一种从科学的视角出发认识客观事物的本质属性、内在规律并运用思维方法解决科学问题的能力。这种能力主要包括模型建构能力、推理论证能力和创新思维能力等。它不仅是学习科学所应具备的关键能力,也是适应现代社会发展的核心思维方式。

科学思维有助于学生更好地理解和应用科学知识,提升他们的思维能力和解决问题的能力,具有客观性、精确性和可检验性等特点。它要求从实际出发,如实反映事物的本质和规律,遵循一定的逻辑规则,并能运用大量的思维手段和认知工具进行精确的分析和推理。同时,科学思维的结果是可以验证的,能够经得起实践的检验。

在小学科学教学中,教师可以通过引导学生进行观察和实验,鼓励学生提出问题和解决问题,培养他们的逻辑思维、批判性思维和创新思维。此外,项目式学习也是一种有效的培养学生科学思维的方式,让学生在实际项目中进行探究和实践,从中获得知识和经验。

3.探究实践

探究实践主要是指学生在了解和探索自然、获得科学知识、解决科学问题以及技术与工程实践过程中,所形成的科学探究能力、技术与工程实践能力和自主学习能力,是学生形成核心素养其他方面的主要途径,同时也是一种关键能力。

科学探究能力的培养体现在学生能够理解科学探究的一般过程和方法,能够提出科学问题,并针对这些问题进行合理的猜想与假设。探究实践活动帮助学生学会制订计划并搜集证据,分析这些证据并得出结论,同时对结果进行解释与评估,并能够准确表达观点,反思探究过程与结果。

技术与工程实践能力的培养则体现在学生能够针对实际问题提出有创意的方案,并根据科学原理或限制条件进行筛选。他们应能够利用工具和材料进行加工制作,并根据实际效果进行修改。此外,学生还应能用自制的简单装置或实物模型验证或展示某些原理、现象或设想。

自主学习能力也是探究实践的重要组成部分。学生需要自主确定学习目标,选择学习策略,监控学习过程,并反思学习过程与结果。这种能力有助于学生独立地获取和深化科学知识,提高解决问题的效率。

在小学科学教学中,教师可以通过组织开展各种科学探究活动,如观察、实验、调查等,引导学生进行探究实践,培养他们的科学探究能力和技术与工程实践能力。同时,教师还应注重培养学生的自主学习能力,让他们学会独立思考和解决问题。

4.态度责任

态度责任是学生基于对科学观念的深度理解,在探究实践的支撑下,通过科学思维内化而形成的必备品格,是学生在认识科学本质及规律的基础上,理解科学、技术、社会、环境之间的关系,并逐渐形成对科学和技术应有的正确态度与社会责任。具体来说,态度责任包括科学态度和社会责任两个方面。科学态度是指学生在面对科学问题时,能够保持客观、理性、开放和诚实的态度,尊重事实,尊重他人,勇于探索,敢于质疑;社会责任则是指学生意识到自己在社会发展中的作用和贡献,愿意积极参与科学活动,关注社会热点问题,为解决生活中的实际问题贡献自己的力量。

总而言之,这四方面核心素养在科学课程中相互关联、相互促进,它们之间的关系如图所示。

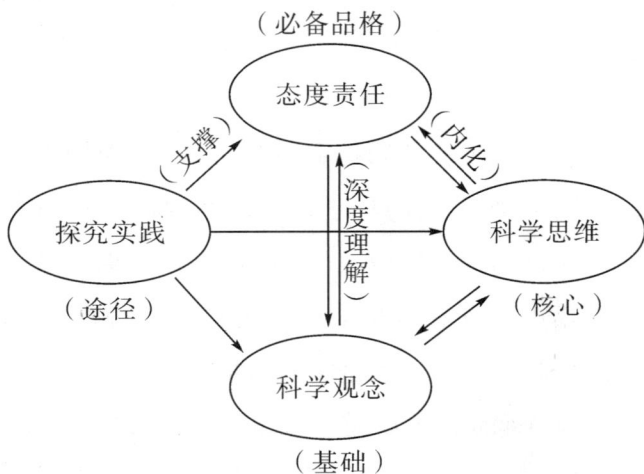

科学课程要培养的学生核心素养各要素之间关系图

科学观念为科学思维、探究实践和态度责任提供了基础和指导;科学思维帮助学生对科学观念进行逻辑分析和推理,深化对科学知识的理解;探究实践为学生提供了锻炼科学思维和提升科学观念的机会;态度责任贯穿始终,确保学生在科学学习中保持正确的价值观和责任感,是在深度理解科学观念的基础上,在探究实践的支撑下,通过科学思维内化而成的必备品格。这四方面核心素养的共同培养,有助于学生全面发展,适应个人终身发展和未来社会发展的需要。

二、小学科学课程核心素养的实践意义

正如前面所说,"核心素养"作为一个统率教育改革的上位概念,既是课程目标,也是新的课程观,必然会给小学科学课程带来包括课堂教学、教师专业成长、学生评价方式等因素在内的教育教学活动变革。

(一)小学科学课堂教学目标的发展变化

课堂教学目标是教育目的、课程目标和教学目标在课堂教学过程中的具体化呈现,是教师在课堂教学活动中想要实现的预期结果,是课堂教学活动的导向。在课堂教学过程中,教学活动要始终围绕实现教学目标进行。小学科学学科的课堂教学目标,与这门课程的名称一样,随着时代的发展,几经变革。

1.小学科学课的发展历程

(1)起源

我国小学科学课的起源可以追溯到清朝末年,1904 年,清政府颁布了《奏定学堂章程》,规定小学设立格致科,这是我国小学科学课的雏形。然而由于历史原因,我国小学科学课的发展经历了几番波折。直到新中国成立后,小学科学课才得到了真正的重视和发展。

(2)探索阶段(1949—1979)

新中国成立初期,我国小学科学课主要以自然科学为主,涉及物理、化学、生物等基础知识。此阶段先后颁布了《小学自然教学大纲(草案)》(1956 年)、《全日制小学自然教学大纲(草案)》(1963 年)、《全日制十年制学校小学自然常识教学大纲(试行草案)》(1977 年)。教育理念开始从注重知识传授向注重实践探究转变。教材内容逐渐丰富,教学方法也开始尝试多元化。

(3)规范阶段(1980—2000)

随着我国改革开放的深入,小学科学课开始进入规范发展阶段。1986 年颁布的《全日制小学自然教学大纲》,1992 年颁布的《九年义务教育全日制小学自然教学大纲(试用)》,对小学科学课的教学目标、内容和方法做了明确的规定。此阶段的小学科学课开始注重培养学生的科学素养和探究精神,并提出进行科学启蒙教育,如 1992 年颁布的《九年义务教育全日制小学自然教学大纲(试用)》明确指出,自然课"担负着向学生进行科学启蒙教育的任务",强调"自然教

学不仅是知识教学，……教师要在教学过程中有计划地结合教学内容，通过启发、熏陶和实际锻炼，在学生掌握知识、应用知识和发展能力的同时，潜移默化地全面实现这些目的要求"。

（4）创新阶段（2001年至今）

进入21世纪，我国小学科学课进入了创新发展阶段。教育部先后于2001年印发《全日制义务教育科学（3～6年级）课程标准（实验稿）》，2017年印发《义务教育小学科学课程标准》，2022年印发《义务教育科学课程标准（2022年版）》，强调小学科学课应以学生为中心，注重培养学生的科学探究能力和实践能力。小学科学课开始引入更多的现代科技内容，如信息技术、生命科学、空间科学等，同时也开始注重跨学科的综合探究和实践。

从自然课到科学课，变化的不仅仅是名字，还有教学内容和方法上的革新。我们可以从中领会到进一步加强小学科学教育、落实立德树人根本任务的重要性，认识人才培养和教育强国建设的规律性，深入理解科学课堂教学目标从"双基目标"到"三维目标"再到"核心素养"这三次变革的必然性。

2.小学科学课堂教学目标的变化

（1）双基目标

双基目标即基础知识和基本技能的教学目标，是20世纪70年代末期中国教育改革提出的重要教育理念。这一时期，中国正处于改革开放的初期阶段，教育领域也迎来了一系列的改革和发展，如推广九年义务教育、实施素质教育等，以推动双基目标的落实。双基目标的提出对当时的自然课教学起到了重要作用，它要求学生通过学习掌握扎实的基础知识（自然科学的基本概念、原理和规律）和基本技能（观察、实验、分析和解决问题的能力），为未来的学习和发展打下坚实的基础。但双基目标也存在一些弊端：

· 过度强调基础知识，导致学生陷入死记硬背的学习模式，缺乏深入理解和灵活运用知识的能力，抑制学生的创造力和创新思维。

· 双基教学往往注重统一的教学内容和标准，忽视了学生的个体差异和兴趣需求。这会使学生对学习失去兴趣，甚至产生厌学情绪，从而影响学习效果。

· 学生只是孤立地学习基础知识和基本技能，而缺乏与实际应用和现实生活的联系，因此难以理解知识的实际意义和用途，难以将所学知识应用于实际情境中。

· 双基教学主要关注基础知识和基本技能的培养，因此忽视了高级思维能力(如批判性思维、创新思维等)的培养,减弱了学生可持续发展的动力。

· 双基教学主要关注知识和技能的传授,却忽视了对学生情感和价值观的培养,这会使学生在成长过程中缺乏人文关怀和社会责任感,难以成为具有健全人格和良好品德的公民。

然而,双基目标在当时的历史时期对中国科学教育的发展还是起到了关键的作用,它不仅强调了科学教育的基础性,也为后来的科学教育改革和课程目标的发展奠定了基础。

(2)三维目标

三维目标是指在教育教学过程中应该达到的三个目标维度,即知识与技能、过程与方法、情感态度与价值观。"三维目标"确立于 2001 年的《基础教育课程改革纲要(试行)》。相比于双基目标,三维目标从以知识本位、学科本位转向以学生的发展为本,更加接近人的全面发展的内涵。比如,知识与技能目标关注的是学生在学习过程中需要掌握的核心知识和基本技能,包括了科学学科知识的学习和日常生活中所需的基本能力,如获取、收集、处理和运用信息的能力,创新精神和实践能力,以及终身学习的愿望和能力。

再如,过程与方法目标强调的是学习过程中的体验和交往及学习方式的掌握,包括自主学习、合作学习、探究学习等基本学习方式,以及发现式学习、小组式学习、交往式学习等具体的学习方式。

情感态度与价值观目标则是从更深层的角度出发,不仅包括学习兴趣和责任感,还包括乐观的生活态度、求实的科学态度、宽容的人生态度等。

三维目标的提出是顺应时代发展的必然举措,旨在克服过去过于注重知识传授而忽视学生心灵,过于注重学习结果而忽视科学学习过程的弊端,这三个维度是统一的不可分割的整体。但在实际应用中,三维目标导向的新课程改革一直伴随着各种各样的争论,原因有很多方面,包括目标设置的复杂性和模糊性、实施难度、不同教育理念的冲突、实践中的挑战以及科学教育目标和评估的多样性等。比如有学者认为"过程与方法"或"情感态度与价值观"过于抽象或模糊,难以具体量化或操作,会造成教学实践中的模糊性和不确定性,进而影响教学效果,等等。

余文森和龙安邦针对以上的争议作出了自己的解释,他们认为,三维目标遭遇的这些困境与其本身存在的逻辑问题具有密切关系。从逻辑上说,知识与技能、过程与方法、情感态度与价值观并不处于同一个逻辑层面,这使得三维目标在教学实践中难以进行合理、有效的拟合与把握,整合性成为三维目标难以逾越的一个障碍。

尽管存在争议,但三维目标为学生提供了一个全面的学习框架,有助于培养学生的科学素养、创新能力和终身学习的能力,在小学科学教育中的价值仍然被广泛认可。

（3）核心素养

教育部在2014年《关于全面深化课程改革 落实立德树人根本任务的意见》中首次提出"核心素养"的概念,并将其放在深化课程改革、落实立德树人目标的基础地位。这标志着我国基础教育全面进入核心素养时代,课堂教学目标正式转向核心素养,也意味着高质量实施国家课程的"最后一公里"——科学教学过程,真正转到"人的发展"的轨道上来。核心素养的导向作用体现在从"人"的角度界定教学目标,也就是说科学课堂教学目标应指向促进"人的全面发展";在学习知识和训练技能做载体的前提下,展示和发展学生具体能力,引导学生内化必备品格,进而形成科学学科核心素养。

①核心素养目标与三维目标的差异

与三维目标相比,核心素养目标在凝练整合上更具有前瞻性和针对性。核心素养目标更加关注学生在复杂情境中解决问题的能力以及自主发展、合作参与和创新实践等素养的培养。这些素养是学生在未来社会中取得成功的必备品格。

此外,核心素养目标在价值取向上更加强调学生的个人修养、社会关爱和家国情怀。它要求学生不仅掌握科学学科知识和技能,还要具备正确的价值观和道德观,成为有责任感、有担当的人。这种价值取向与社会主义核心价值观相一致,体现了科学教育在培养社会主义建设者和接班人方面的作用。

还有,核心素养目标的达成需要学校、家庭和社会三方共同努力。学校需要通过国家、地方、校本三级课程的设置、科学学科的教学方法和评价方式等方面的改革来培养学生的核心素养;家庭需要关注孩子在科学学习上的成长需求,提供支持和帮助;社会需要提供良好的科学教育环境和资源,为学生的全面发展创造条件。各方面形成合力,共同促进学生的科学学科核心素养发展。

②核心素养作为科学课堂教学目标所具有的特性

全面性。核心素养强调学生的全面发展,不仅涵盖科学知识、探究技能,还包括情感、态度、社会责任、人生观、价值观等多个方面。这种全面性有助于学生形成健全的人格和适应社会的能力,为他们未来的生活和工作奠定坚实的基础。

实用性。核心素养注重培养学生的实践能力和创新精神,使学生能够将所学的科学知识和探究实践技能应用到实际生活中,解决实际问题。这种实用性有助于提高学生的综合素质和适应能力,使他们在未来的竞争中更具优势。

终身性。核心素养的培养是一个长期的过程,它注重培养学生的终身学习能力和自我发展能力。当学生形成了一定的科学观念,具备了一定能力后,他们就能够不断地学习新知识,掌握新技能,适应不断变化的社会环境。这种终身性有助于学生实现个人的可持续发展,从而实现社会的可持续发展。

针对性。核心素养的提出是基于对当今社会发展和教育现状的深入分析和思考。它针对当前科学教育中存在的一些问题,如知识传授过于单一、忽视学生个性发展等,提出了更加符合社会发展需要的教育目标和要求。它针对不同学生的需求和发展潜力,强调个体差异和个性化教育。

③核心素养对科学课堂教学目标制订的影响

强调科学性和多维性。核心素养包括认知、情感、价值观等多个方面,因此,在制订科学课堂教学目标时,不仅要关注学生对科学概念的理解和掌握,还要关注对他们的情感、态度、价值观以及探究实践能力的培养。教学目标既要符合"人"的科学发展,又要确保多维性。要全面看到课程中所蕴含的核心素养元素与价值,而不是其中的某些成分。

突出关键能力和必备品格。核心素养强调学生在科学学习的过程中逐步形成适应终身发展和社会发展需要的必备品格和关键能力。因此,在制订科学课堂教学目标时,需要突出对这些关键能力和必备品格的培养,如批判性思维、创新能力、团队协作能力、自主学习能力等。

体现层次性和灵活性。核心素养的培养是一个循序渐进的过程,需要分阶段、分层次进行。因此,在制订科学课堂教学目标时,需要充分考虑学生的年龄、认知水平、兴趣爱好等因素,制订符合学生实际情况的教学目标。同时,教学目标也需要具有一定的灵活性,以便在科学教学过程中根据实际情况进行调整。

注重可操作性和可测量性。为了确保科学课堂教学目标的实际效果,教学目标要具有可操作性和可测量性。这意味着科学课堂教学目标应符合教育规律和学科特点,要具体、明确,并且可以通过具体的教学活动和评估方式来检验和测量学生的达成情况。

总之,核心素养对科学课堂教学目标的制订产生了重要影响,使得教学目标更加全面、多维、具体和可操作。因此,教师需要在充分考虑核心素养要求的前提下,制订出能够真正促进学生科学学科核心素养全面提升的教学目标。

(二)小学科学教学过程的发展变化

《义务教育科学课程标准(2022年版)》明确指出:"科学课程旨在培养学生的核心素养,为学生的终身发展奠定基础。"实现这一总目标的基本途径,就是教学。实施教学是学校科学教育活动的核心环节,是小学科学教师的工作职责和任务。

1.小学科学教学过程及特点

教学究竟是什么?从本质上来看,教学是一个多维度、多层次的概念,它不仅包括知识的传授,还涉及社会主义核心价值观的塑造、思维能力的培养以及个性发展等多个方面。在顾明远先生主编的《教育大辞典》中,教学被认为是"以课程内容为中介的师生双方教和学的共同活动"。也有学者经过溯源后,定义为"教学是教师教学生认识客观世界并促进学生身心发展的教育活动"。从中不难发现,教学既有教,也有学。教和学的协同活动,必须通过教学内容才能进行。教师、学生、教学内容作为教学的三个基本要素,相互作用,产生复杂的教学过程。因此也可以这样认为,教学是一个过程,是教师根据教育目标和学生的实际情况,采用特定的教学方法和手段,通过有计划、有组织的活动,向学生传授知识、技能和态度,引导学生主动探索、发现和建构知识,促进学生全面发展的过程。

对于科学课程教学来说,科学教学的过程既应反映教学的普遍特征,也应反映科学教育的本质特征。所以说,小学科学教学是以培养学生科学素养为宗旨,以探究实践为主要学习方式,借助一定的方法和手段,通过有计划、有组织的教学活动,使学生认识科学本质、获取科学知识、掌握科学方法、培育科学精神,最终促进师生双方共同发展的交往活动过程。

这个过程具有以下特点:

目的性。教学目标是教学过程的起始点。在任何一次科学教学活动中,教师都必须明确教学目标。这些目标既包括知识目标,也包括能力目标和态度责任目标,是具体的、可衡量的。教学目标的确立应当基于课程标准、学生实际和社会需求。教师需将科学教材中的教学内容根据单元教学目标、课时教学目标进行逻辑性和结构性的组织。

系统性。教学过程不是孤立的、随意的活动,而是一个有机的整体,各个教学环节相互关联、相互支撑。从教学准备、教学实施到教学评价,每个环节都有其特定的功能和作用,共同构成了一个完整的教学体系。在整个教学过程中,教师需要不断调整教学策略,确保教学内容的连贯性和逻辑性。

动态性。教学过程不是静止不变的,而是一个动态、迭代的过程。它随着学生的学习状态、教学内容的难度及教学环境的变化而不断调整和优化。教师需要根据学生的实际情况和教学内容的特点,灵活地设计教学活动,改变教学节奏和方法,创造性地解决教学中遇到的问题,确保教学效果最优化。当然,课堂生成是可遇不可求的,这更显课前预设的必要性和重要性。课堂"动态"可激发教师的创造性教学,顺应学生思维的发展,促进学生的主动学习,使学生获得更丰富的学习体验。

互动性。在传统教学模式中,教师往往是知识的单向传递者,学生则是被动接收者。然而,在立足素养发展的教学理念下,教学过程被视为一个互动的过程,教师与学生、学生与学生之间都应该有充分的交流和合作。通过互动,学生可以更好地理解教学内容,提出问题,分享观点,教师也可以通过学生的反馈来调整教学策略。例如,在小组讨论中,学生可以互相启发,共同解决问题,教师则可以在一旁观察学生的互动,适时提供指导。

小学科学教学过程的特点深刻地反映了科学教育教学的内在规律和价值追求,决定了在课程实施中应遵循以下原则:

循序渐进原则。每一节科学课的教学内容应该按照由浅入深、由易到难的顺序进行组织,使学生能够逐渐适应教学节奏,逐步深入地理解和掌握知识。循序渐进的教学有助于学生构建扎实的学习基础,避免因无法理解所学内容而产生挫败感。

多样性原则。不同的教学内容和学生特点可能需要不同的教学方法。例如,对于需要记忆和理解的教学内容,可以采用讲解和演示示范的教学方法;对于需要培养学生实践能力的内容,可以采用探究和实践活动的教学方法;对于需要培养学生思维能力的内容,可以采用案例分析和问题解决等教学方法。此外,教学资源的多样性也为教学过程提供了丰富的支持,如多媒体教学资源、网络资源等,这些资源可以帮助学生更好地理解和吸收知识。

反馈性原则。通过反馈,教师可以了解学生的学习情况,包括学生对知识的掌握程度、学习方法的有效性及学习态度等。同时,学生也可以通过反馈了解自己的学习进度和存在的问题,从而调整学习策略。有效的反馈应该是及时的、具体的,并且具有建设性,它可以帮助学生明确学习目标,提高学习效率。

反思性原则。教师需要在科学教学过程中不断反思自己的教学效果,总结经验,识别问题,并根据反思的结果调整教学策略。通过反思,教师可以不断提升自己的教学能力,更好地满足学生的学习需求。例如,教师可以在课后回顾当天的教学过程,分析哪些教学方法有效,哪些需要改进,以便在未来的教学中作出更好的规划。

包容性原则。这一原则体现在教学过程中对学生个体差异的尊重和接纳。每个学生都是独一无二的个体,他们有着不同的学习风格、能力和兴趣,小学科学教学过程应该为所有学生提供平等的学习机会,尊重他们的个性差异,满足他们的不同需求。例如,对于在小组合作学习中相对弱势的学生,教师需格外关注,并提供辅导和支持;对于学有余力的学生,教师可以让其承担更多的任务,并为其提供更具挑战性的学习材料和活动。

2.核心素养对小学科学教学过程的影响

从前面对科学课程要培养的学生核心素养各要素之间关系的分析中,我们已经了解到,科学思维是科学课程要培养的学生核心素养的核心。也就是说,科学教育的核心目标是促进学生高阶思维能力的发展。科学课教学通过嵌入思维的培养来激发学生学习的主动性,实现知识、能力及不同发展阶段的衔接和整合,满足学生个体发展和社会发展的现实需求。

但实际上,在科学课的教学过程中还存在忽视学生思维发展的问题,具体表现如下:

一是缺少思维含量的"假"探究。以培养学生科学素养为宗旨的课程目标和以探究实践为主要学习方式的教学观已经深深植入广大科学教师的心中,由此带来了教师教学行为和学生学习行为的改变。观察、实验、制作,在"玩"中学,在"做"中学,科学课的动手机会变得多起来。遗憾的是,我们看到在"玩"科学和"做"科学过程中的探究活动,只停留在玩的层面,看似热热闹闹,实际上学生只是漫无目的地玩,没有或很少有思维的参与。培养科学思维应有的对科学现象的猜想、假设、分析,应有的设计合理方案并进行探究或验证,应有的对数据、信息的收集、整理等思维活动被外显的"探究"活动替代了。此外,还存在教学内容安排得较"满"的现象,动手活动一个接着一个,学生"做"是做了,却没有

"思"的时间和空间。凡此种种,皆为只有动手没有动脑的"假"探究。

二是缺少思维参与的"假"合作。21世纪,我们越来越需要具备不同专业知识的人合作解决环境、公共卫生等复杂社会问题,因此在科学教育领域,合作学习受到越来越多的关注。有效的合作学习的一个显著特征,就是学生必须要参与到彼此的思维活动中。不仅如此,创新思维、批判性思维等思维能力也有助于改进和提升合作学习的质量。反观我们科学教学过程中的"合作"学习,学生是"合坐"在一起了,但这仅仅是物理上的靠近或聚集,"合坐"并不等同于有效的"合作"。科学课要求学生通过实验、讨论和项目等活动进行互动学习,这些活动需要学生之间的积极沟通和协作。如果学生只是在同一小组里各自学习,没有进行深入的交流与合作,那么这种"合坐"学习就不会产生"每个人的贡献都是不可替代,整体成果要大于个体简单相加"的真合作的学习效果。

只关注科学知识和科学探究能力的形成与培养,而忽略学生思维的重要作用的科学课学习,在之前的科学教学过程中并不少见。那么,核心素养为小学科学教学过程带来了什么变化?

第一,指向核心素养的小学科学教学过程是一个"真做"的过程。

《义务教育科学课程标准(2022年版)》明确给出"以探究实践为主要方式开展教学活动"的教学建议。探究实践作为科学课程要培养的学生核心素养,既是一种关键能力,也是学生形成科学与技术领域其他素养的主要途径。学生对科学概念和原理的深刻理解,科学观念的形成,科学思想和科学态度的发展,创新能力及艺术人文等素养的提升,在科学语境中与他人沟通、交流能力的获得等,都需要通过贯穿在科学学习过程各个环节的科学探究与工程实践来实现。"真做",就是将科学探究和工程实践真正引向深入,让学生最大可能地体验到类似科学家与工程师的探究、实践的过程,包括类似他们工作的程序和方法、思维方式等,要让儿童像科学家、工程师一样"真刀真枪搞科学",并联系自己生活,动手动脑,在体验中思考、在思考中理解、在理解中进步,从而使小学科学教学过程成为学生形成科学观念、发展科学思维、培养科学探究能力和技术与工程实践能力、健全人格、端正态度责任的全面发展过程。"真做",要动手做。

第二,指向核心素养的小学科学教学过程是一个"真学"的过程。

"真学",意为真正的教学,是教学本来的样子,是教师、学生、教学内容三者紧密联系在一起,共同实现学生全面发展的过程。这个过程不是把书本上的知识转移到学生头脑里再储存起来,不是单纯给学生灌输前人积累的知识,而是抓住教学根本,既实现知识的传授,也实现培养人的目标,是"触及儿童心灵的教学"。这样的教学把外在于学生的知识转化为学生主动活动的对象,并通过学生个体的主动学习转变成学生成长的养分,从而培养学生的关键能力、必备品格和正确价值观。这样的教学,"真"在哪里?一是能够真正培养进入伟大的社会历史进程中的,有责任感、有担当精神的人。研究表明,触及人心灵的学习,是一个活生生的有思想、有灵魂的具体的人的活动,是极具社会性的活动。学生对科学本质的认识理解、对科学家精神的认同及批判性思维等科学思维的形成与他们每天所处环境、经历有关,与学生心意相通的教师才有可能唤醒学生的心灵,激发他们的学习兴趣。二是能够真正遵循教学规律,将学生的学习视作一个系统,从整体上进行把握,"既脚踏实地又仰望星空,既注重眼前又放眼未来",每一个教学活动、每一节科学课都是一粒沙,在"聚沙成塔"中根据教学规律有节奏地展开。小学科学教学过程中提倡"真学",在于实现立德树人的根本目的,促进学生的全面发展。因此,科学教师要深入研究、探讨科学教学规律,真正去帮助学生学习和成长。正如苏霍姆林斯基所说:"学习如果具有思想、感情、创造、美和游戏的鲜艳色彩,那它就能成为孩子们深感兴趣和富有吸引力的事情。"让学习在科学课堂上真正发生,让科学真正科学。"真学",要做中学。

第三,指向核心素养的小学科学教学过程是一个"真思"的过程。

恩格斯说:"思维是地球上最美丽的花朵。"人类进入 21 世纪,仅依靠记忆能力已不能满足社会对人才的要求。科学思维可以分为低阶和高阶两种形式,"真思",就是要培养学生的高阶思维,并鼓励学生进行独立思考,做好应对这个瞬息万变世界的准备。《义务教育科学课程标准(2022 年版)》中关于科学思维是这样表述的:"科学思维是从科学的视角对客观事物的本质属性、内在规律及相互关系的认识方式,主要包括模型建构、推理论证、创新思维等。"新课标将"掌握基本的思维方法,具有初步的科学思维能力"作为科学课程总目标之一,体现出教育领域对培养学生综合能力的方向和要求,表明科学思维是未来社会发展对人才素质要求的一项重要指标,也是科学与技术领域育人价值的重要体现。"真思"体现在能够促进个人成长、创新和成功的思维方式上,这些思维方式不仅有助于个人在面对挑战时作出正确的决策,还能帮助其在复杂的社会环境中找到自己的位置。

科学思维的培养必须贯穿在科学知识和方法的教学中,"真思"是对小学科学教学过程中"只动手不动脑"的纠正。学生通过观察、比较、分类等方法揭示事物本质特征，进而形成系统化的知识结构。科学思维能力对于学生在面对复杂信息时进行有效的筛选和分析至关重要。

此外，学生在探究实践的过程中提出假设、设计实验并基于数据得出结论，这种强调证据支撑和逻辑推理的方法论训练有助于学生在日常生活和学术研究中区分事实与观点，培养批判性思维。

在探究实践过程中，鼓励学生不断挑战现有知识边界，提出新的问题和解决方案，激发学生的创新意识和质疑精神；进行科学态度和价值观的塑造，如尊重事实、实事求是、保持开放的心态和好奇心等。这种精神、品质的培养对学生成为未来创新者具有重要意义，对学生形成正确的世界观具有深远影响。"真思"，要学中思。

（三）小学科学教师角色的变化

《师说》中的"师者，所以传道受业解惑也"，高度概括了教师的职责。过去，在传统"师本位"观念的影响下，教师是具有权威的"传道者"角色，被置于"本"的位置，学生只能处于被动的"纳道"地位，是被动接收知识的容器。

1.传统教育思想下的教师角色

（1）教师是知识传授者，是学生获取知识的主要来源

教师采用教学方法相对单一、由教师主导课堂的讲授式方法，按照既定的课程大纲和教材，向学生传授学科知识，因此被视为知识和权威的代表，学生对教师必存敬畏，处于服从状态。

（2）教师是课程执行者和课堂纪律维护者

教师需按照课程规定的教学内容和计划进行教学，要确保教学内容的系统性和连贯性，并且通过教学活动将社会期望的行为规范和道德准则传递给学生。教师还需维持课堂秩序，管理学生行为，设定规则，确保一个有利于学习的环境。

（3）作为评价学生的主体，教师是学生发展的单向推动者

教师通过考试和作业等方式评估学生的学习成果，这些评价通常以分数的形式呈现，用于衡量学生的学习进度和知识掌握程度。教师只关注学业成绩，较少关注学生的个性化需求和情感发展，学生的学习路径和目标比较一致。

可以说，"师本位"观念下，小学科学教师不仅角色较为固定，也更强调教师的权威地位。而这一切，随着核心素养时代的来临，发生了深刻变化。

2.核心素养时代的教师角色

(1)学生科学核心素养的培养者

核心素养时代的小学科学教师,不再仅仅关注知识的传递,而是更多地关注如何通过小学科学教学来培养学生的探究实践能力、批判性思维和创新精神。教师需要通过探究式学习、实践活动、项目式学习等方式,激发学生的科学兴趣,帮助他们建立科学观念和掌握科学方法。通过与家长、社区建立良好的合作关系,更好地了解学生的背景和需求,便于开展更具包容性和相关性的教学活动。此外,教师还应做好学生心理健康的守护者,在关注学生学业成就的同时,关注学生的情感和社会归属感。通过日常的互动和指导,帮助学生建立自信,培养社交技能,学会管理和表达自己的情绪,为他们的整体发展打下基础。

(2)科学课程的创生者

在核心素养背景下,小学科学教师需要具备课程意识和参与意识。一方面,通过参与国家、地方、校本课程的设计和创新,使课程内容更加贴近学生的生活实际,激发学生的学习兴趣和探究欲望。另一方面,还可以通过与当地科学家、工程师的合作,将科学研究的最新成果融入教学,提高教学的科学性和前瞻性。如在全球化日益加深的今天,教师可以通过引入国际案例、多文化交流和国际合作项目,帮助学生拓宽视野,理解不同文化和价值观,培养学生的国际视野和跨文化能力,还可以将环境保护和可持续发展的理念融入教学,通过讨论环境问题、参与环保项目和学习可持续生活方式,激发学生的环保意识,培养他们解决问题的能力,教育学生成为负责任的公民。教师可以利用互联网、图书馆、实验室等资源,为学生提供多样化的学习材料和实践机会。教师还可以通过组织学生参观科研机构、高等院校实验室和参与科研项目,帮助学生理解科学的本质,体验科学探究的过程,拓宽课程实施的路径,推动科教融合。

(3)终身学习的践行者

为了适应教育的不断变革,小学科学教师自身也需要持续学习和发展,不断提升自己的专业能力和教学技巧,这也是终身学习时代的要求。要想保持自己在教育教学中的地位和价值,就要自觉地、不断地去学习。比如,作为小学科学教师,除了要学习物化生地等相关专业知识,还需要具备与日益更新的信息技术相匹配的能力,才能够利用各种新兴工具来提高教学效果,如使用虚拟实验、在线资源和交互式教学平台,并有效地整合课程内容,以支持学生的个性化和协作学习,提高教学效果。教师还应积极参与专业发展活动,如研讨会、工作坊和进修课程,以保持教学方法和内容的现代性。

（4）与团队深度协同的合作者

面对新课程的挑战,小学科学教师需要与同行建立更紧密的合作关系,通过集体备课、教研活动等形式,共享资源和经验,共同解决教学中遇到的问题。通过校内外合作,教师可以构建一个支持性的专业社群,引导和激励同事共同探索更有效的教学方法,促进知识和经验的交流,共同提升教学质量。

综上所述,时代赋予了教师角色新的内涵,小学科学教师不仅要在教学方法和内容上进行创新,还要在职业角色和责任上重新定位。通过这些转变,教师才能更好地满足核心素养时代的需求,为学生的全面发展提供支持。

（四）小学科学教学评价的变化

评价是教育的风向标。成绩导向的评价模式在我国传统教育评价体系中一直占据主导地位,小学科学课程也不例外。由于受学科地位、教师专业水平等因素的影响,小学科学教学评价一直以来存在着禁锢思维,不能有效促进人才发展的问题。

1.传统小学科学教学评价问题的具体表现

（1）评价内容片面

传统的小学科学教学评价对学生的智力发展过度关注,对学生的情感体验和态度变化、价值观、合作精神等非智力因素的评价关注不够。如,过于重视学生对知识的掌握程度,依赖笔试,"以分数论英雄",而忽略了学生在实际操作、实验探究等方面的能力;侧重学生对已有知识的再现,而忽视学生的主动性和创造性,缺乏对学生学习过程中的思维活动、问题解决能力、价值观以及创新能力的评价。过分强调成绩可能导致一些学生因为无法达到统一的高标准而感到挫败,影响他们的学习积极性和自信心,导致学校和教师一味地追求学生的考试成绩,而忽视了学生的全面发展和综合素质的培养。因此,为了取得好成绩,教师会更倾向于让学生死记硬背知识点,而非深入理解和应用所学知识,这直接限制了学生的思维发展,也使他们难以将科学知识应用于实际生活。

（2）评价主体单一

在传统的小学科学教学评价中,教师往往是唯一的评价者,主观判断占据较大比重,学生只能被动接受评价,缺乏自我评价和同伴评价的机会,限制了学生自我反思和批判性思维的发展。受评价主体单一的制约,评价方式往往采用评价标准和方法的统一化,不利于全面反映学生的学习状况和发展潜力,难以反映学生的个体差异,对于不同水平、不同兴趣的学生缺乏针对性的指导和激励。

(3)评价方式落后

评价工具和技术匮乏,导致评价方式落后。标准化测试无法全面覆盖科学教学的所有目标,特别是对于实验操作、探究实践等技能的评价较为困难,这会促使教师和学生只关注应试技巧的训练,学生无法从评价中获得及时、具体的反馈,因此无法明确自己的不足和努力方向。

2.核心素养对小学科学教学评价的影响

通过对《全日制义务教育科学(3—6年级)课程标准(2001年版)》《义务教育小学科学课程标准(2007年版)》《义务教育科学课程标准(2022年版)》的梳理,可以看到我国小学科学教学评价的要求经历了从单一到多元、从知识传授到素养培养的转变。

	《全日制义务教育科学(3—6年级)课程标准(2001年版)》	《义务教育小学科学课程标准(2017年版)》	《义务教育科学课程标准(2022年版)》
理念变化	主要关注基础知识和基本技能的培养。	开始强调核心素养的培养,提出了科学观念、科学思维、探究实践、态度责任等方面的培养。	进一步明确了核心素养的内涵,特别是新增了"科学思维"的要求,更加强调了跨学科的整合和学生的综合能力培养。
方式发展	相对传统,侧重于知识和技能的考核。	开始引入过程性评价和终结性评价的结合,鼓励自我评价与同伴评价。	在继承2017年版课标的基础上,更加重视评价的综合性和个性化,强化了教学研究与教师培训内容,以支持评价改革的实施。
要求更新	较少涉及具体的实施要求。	开始提出实施要求,但相对简单。	增加了课程标准编制与教材编写的基本要求,明确了省级教育行政部门和学校的职责,强化了监测与督导要求,确保课程标准的有效执行。

	《全日制义务教育科学(3-6年级)课程标准(2001年版)》	《义务教育小学科学课程标准(2017年版)》	《义务教育科学课程标准(2022年版)》
标准明确	未明确提出学业质量标准。	开始关注学业质量,但未形成独立的部分。	首次增加学业质量部分,明确了各个学段的学业质量标准,对学生完成各学段学习后所应达到的具体素养水平作出了界定和描述。
技术应用	未涉及现代教育技术的运用。	随着技术的发展,开始考虑教育技术在教学中的应用。	更加强调线上线下相融合的教学模式,促进课程的进一步改革以适应新的教育需求。
内容优化	内容相对固定,主要围绕传统的科学领域。	开始优化课程内容结构,基于核心素养要求遴选重要观念和主题内容。	进一步优化了课程内容结构,强调跨学科概念和学科核心概念的整合与提升。

在《义务教育科学课程标准(2022年版)》中"以课程目标和学业质量标准为依据,构建素养导向的综合评价体系,发挥评价与考试的导向功能、诊断功能和教学改进功能"的建议下,小学科学教学评价发生了以下变化:

(1)评价内容全面

新课标基于学科核心素养制定了学业质量标准,小学科学教学评价从以往侧重于教学目标和教学内容转变为更加关注学生的学习过程和效果,强调学生全面发展的具体表现,评价内容不再局限于教材中的知识点,而是扩展到学生的科学探究能力、问题解决能力、创新思维以及科学态度、科学精神、合作与交流能力等方面的素养,使评价反映出学生的核心素养发展水平,促进学生核心素养的培育。

(2)评价方式多样

素养导向的小学科学教学评价方法不再局限于传统的纸笔测试,而是利用多种评价工具(如档案袋、课堂观察记录表等)和多种评价方式(如观察法、实验法、作品评价、口头报告、同伴评价等),能够准确评估学生在真实情境中解决问题能力的表现性评价、项目式评价等,还有能够体现评价过程全程化、在整个学习过程中持续进行的形成性评价。多种评价方式的综合运用,提高了小学科学教学评价的客观性和公正性，能够全面了解学生在科学学习过程中的总体表现。

（3）评价主体多元

素养导向的小学科学教学评价过程中，教师不再是唯一的评价者，学生的参与度和话语权得到增强，鼓励学生表达自己的想法、质疑和发现，学生成为自我评价和互评的参与者。这种变化有助于培养学生的自我监控能力和批判性思维能力。同时，家庭和社会课程资源的广泛运用，也为评价主体增加了新的元素。

（4）评价结果运用

素养导向的小学科学教学评价结果真实反映出学生核心素养的发展水平，如学生在科学探究过程中的表现，包括提出问题、设计实验、收集数据、分析结果、得出结论等能力；再如将科学知识与数学、技术、工程等其他学科领域相结合，解决复杂问题的能力；等等。评价结果为教师调整、改进教学方法和策略提供反馈信息，帮助教师营造有效的科学学习环境，确保组织开展的教学活动能够更好地促进学生核心素养的发展，有助于实现课程育人的目标。

变成绩导向为素养导向的小学科学教学评价体系，是对传统以知识传授为中心的教育模式的重大改革。它对学生全面发展的培养具有十分重要的意义。

一是符合基础教育课程教学改革要求。基础教育课程教学改革突出强调提升学生的科学素养。通过评价学生的科学素养，教师可以更好地了解学生的学习状况和需求，有针对性地改进教学方法和策略，推动课程教学改革的深入实施。这种评价不仅关注学生的学习成果，还关注学生的学习过程和方法。教师可以通过评价学生的科学素养，了解学生在科学探究、实践活动等方面的表现，发现教学中的问题和不足，从而优化教学内容和方式，提高教学效果。

二是促进学生全面发展。以素养为导向的评价更注重学生科学素养的全面评价，包括科学观念、科学思维、探究实践、态度责任等多个方面，从而更准确地反映学生的综合能力和发展潜力。这种评价强调学生的全面发展，鼓励学生积极参与科学探究活动，培养学生的实践能力和创新精神，能够激发学生的学习兴趣和动力，使他们更加主动地参与科学学习，提高学习效果，进而具备适应未来社会发展和个人成长所需的价值观、必备品格和关键能力，为适应未来社会的发展奠定基础。

三是促进"教—学—评"一体化。以素养为导向的小学科学教学评价倡导

"教—学—评"一体化,将评价镶嵌于教与学的过程中。这种评价方式有助于达到"以评促教、以评促学"的效果,通过评价的诊断、改进、调节、激励功能,促进教师的教学改进和学生的学习进步。

综上所述,素养导向的小学科学教学评价体系响应了培养德智体美劳全面发展的社会主义建设者和接班人的社会需求,有助于引导全社会树立科学的教育质量观,全面落实立德树人根本任务。

核心素养时代的来临,向每一位担任小学科学教育教学任务的教师提出了有别于传统教学的挑战,一线科学教师要认识到自己是课程改革的关键,要不断推动自身专业能力的发展,才能将核心素养的理念付诸实践。

第二章　课程资源篇

《义务教育小学科学课程标准(2022年版)》指出:"义务教育科学课程是一门体现科学本质的综合性基础课程,具有实践性。"课程性质决定了小学科学课对课程资源的依赖程度,决定了课程内容与课程实施都离不开课程资源的支持;科学教育所倡导的从儿童的立场出发,突出学生的主体地位、在真实的情境中解决真实的问题等理念,都要建立在对课程资源开发和利用的基础上。因此,我们有必要深入了解课程资源的内涵及外延,充分挖掘小学科学课程资源的教育教学价值,积极探寻小学科学课程资源开发与利用的路径和策略,以有效发挥科学课程资源的作用,满足不同经验背景的小学生学习科学的需要。

第一节　小学科学课程资源的内涵与应用价值

一、小学科学课程资源的概念和界定

（一）课程资源的概念和界定

伴随着我国第八次基础教育课程改革,"课程资源"一词出现在人们的视野中,其开发与利用既是新课程改革的一个创新点,也是一个突出亮点,但目前理论界还没有对它形成一个确定的定义。

华东师范大学吴刚平教授认为,课程资源的概念有广义与狭义之分,"广义的课程资源指有利于实现课程目标的各种因素,狭义的课程资源仅指形成课程的直接因素来源"。还有学者认为,"课程资源是课程设计、实施和评价等整个课程编制过程中一切可利用的人力、物力以及自然资源的总和。包括教材以及学校、家庭和社会中所有有助于提高学生素质的各种资源。课程资源既是知识、信息和经验的载体,也是课程实施的媒介"。

从以上的论述中,我们从存在价值、存在空间、存在形态上来看:课程资源应是为课程目标的实现服务的;它的分布十分广泛,可以说存在于自然界的各个角落;它可以表现为人、财、物,也可以以一些精神形态的方式来体现,如行为规范、教学准则、学习习惯及班级风气等。

实际上,课程资源的概念与基础教育课程改革密切相关。《基础教育课程改革纲要(试行)》明确指出:"积极开发并合理利用校内外各种课程资源。学校应充分发挥图书馆、实验室、专用教室及各类教学设施和实践基地的作用;广泛利用校外的图书馆、博物馆、展览馆、科技馆、工厂、农村、部队和科研院所等各种社会资源以及丰富的自然资源;积极利用并开发信息化课程资源。"在培养学生核心素养的背景形势下,我们应当树立新的课程资源观,即广义的课程资源观,可把形成课程的因素来源,如知识、技能、经验、活动方式与方法、情感态度与价值观以及培养目标等因素,与必要且直接的实施条件,如决定课程实施范围和水平的人力、物力和财力,时间、场地、媒介、设备、设施和环境,以及对于课程的认识状况等因素,都视为课程资源。

（二）小学科学课程资源的概念和界定

小学科学课程资源可以做如下界定:一切可利用的人力、物力以及自然界等资源的总和,有助于实现小学科学课程目标、有利于学生发展的所有因素,都可视为广义的科学课程资源;而小学科学教材、教师用书、教具、学具、课件等,则可看作狭义的课程资源。

《义务教育小学科学课程标准(2022年版)》指出:"科学课程资源是指有助于进行科学教学活动的各种资源。"小学科学课程的性质赋予小学科学课程资源丰富的内涵,也决定了小学科学课程资源形式的多样性。这些丰富多样的课程资源广泛分布在学校、家庭、社会以及互联网中,构成了一个相互联系、相互制约、相互补充、相互促进的一体化科学课程资源系统。

二、小学科学课程资源的类型

（一）课程资源的类型

小学科学课程资源的类型划分是从属于课程资源类型划分的,要想给小学科学课程资源分类,就必须厘清课程资源的脉络结构。在国内的相关著述中,关于课程资源的划分没有一个统一的标准,划分的类型也各不相同。有研究者以功能特点为标准,把课程资源分为素材性资源和条件性资源;以空间分布为标准,把课程资源分为校内资源和校外资源;以物理特性为标准,把课程资源分为文字资源、实物资源、活动资源和信息化资源;以存在方式为标准,把课程资源分为物质形态的课程资源和精神形态的课程资源;以建设主体为标准,把课程资源分为国家课程资源、地方课程资源和学校课程资源;以学生需求为标准,把课程资源分为基础性资源和拓展性资源。这些分类虽然依据的标准不同,采用的方法不同,但都有一定的合理性,为我们多角度认识、了解小学科学课程资源提供了有益的帮助。

（二）小学科学课程资源的类型

如果按照功能特点划分,可以把小学科学课程资源分为素材性资源和条件性资源两大类。其中,素材性资源是学生学习和收获的对象,直接作用于小学科学课程,一般指课标、教科书、学生活动手册、教师用书、实验材料等;条件性资源是小学科学课程的间接资源,它的特点是作用于课程但不是形成课程本身的直接资源,它"并不是学生学习和收获的直接对象,但它在很大程度上决定着课程的实施范围和水平。比如直接决定课程实施范围和水平的人力、物力和财力,时间、场地、媒介、设备、设施和环境等因素"。

如果按照空间分布特点划分,可以把小学课程资源分为学校、家庭、校外和网络资源四大类。学校课程资源可以分为教室内、外课程资源两类,主要包括:科学专用教室,图书馆、阅览室及其配套材料;学校建筑、走廊的环境布置,如校内开辟的气象站、饲养园地等;校园内的太阳钟、风力发电机、科学家雕塑等设施;具有理科背景的科学教师,以及相关的校本课程等。家庭课程资源主要包括家长的阅历与职业、家庭饲养的动物与种植的植物、家庭科教类藏书等。校外课程资源可分为社会资源和自然资源。社会资源主要包括学校、家庭所在社区、地区的科技人员、工厂、农场、农村、科技实验基地、高新企业、植物园、动物园、科技场馆(如图书馆、科技馆、博物馆、少年宫、农技站等)、大专院校、科研院所等具有的所有人力和物力资源;自然资源主要包括日月星辰、山川河流、花草树木、鸟兽鱼虫、风霜雨雪等客观存在于自然界的各种事物。近年来,随着信息技术的不断发展,互联网已经渗透到人们生活的方方面面。网络资源逐渐打破了学校、家庭、校外资源的界限,成为小学科学教学应用的主要课程资源类型。

在这四类资源中,每一类都既含有素材性资源,也含有条件性资源。一般而言,学校课程资源在小学科学教学过程中占主要地位,家庭、校外课程资源和网络资源起辅助作用。

三、小学科学课程资源的应用价值

"课程资源"一词是我国新一轮基础教育课程改革所提出的一个重要概念。越来越多的专业人士认识到，没有课程资源的广泛支持，再理想的课程改革设想也很难变成现实，也很难通过单一的教学活动实现学生核心素养的培养。可以说，课程资源是课程目标顺利达成的必要条件，是课程必要且直接的实施条件。小学科学课程资源对我国小学科学课程改革具有重要意义，对科学课程、科学课程实施主体都具有很重要的应用价值。

（一）小学科学课程资源对科学课程的应用价值

1.改变了以往课程资源的单一性

小学科学新课程的实施，一个最大的变化是超越了多年以来形成的以纸质课程资源为主的历史定式。长期以来，教材一直是我国学校教育的主要课程资源，以至于课程改革实施之初人们常常误以为教材就是唯一的课程资源，一提到开发和利用课程资源，就想到要订购教材或者编写教材，甚至引进国外教材。的确，以教材和教师用书为主的课程资源直到现在依然是重要的课程资源，但我们应该认识到它们不是唯一的可供利用的资源。而且，倡导开发和利用课程资源，并不是主张割裂它们与教材的关系，也绝不是否认教材的重要性和严肃性，而只是因为传统的以教材为中心的课程资源已经远远不能适应育人方式的变化，需要开发更加广阔的课程资源。比如，对生命世界的学习就必须让学生投身到大自然中，"去田野森林、山川湖泊看花草树木、鸟兽虫鱼，感受生命的丰富多彩"；探索物质世界的奥秘也需要通过对"物体—材料—物质三个层次的观察与探究"去认识物质的基本性质与变化过程；要揭开地球与宇宙的神秘面纱也需要从了解生活中天气、四季、地表变化这些具体的现象开始，进而展开对浩瀚宇宙的探索。

2.改变了以往教学活动的单一性

当今的小学科学课程目标与以往相比发生了很大的变化，科学学科核心素养的培养需要丰富的探究实践活动，需要以可供探究实践的课程资源为载体。这就要求小学科学教学要走出课堂，走向真实的生活，以教材为基点，挖掘教材以外的可供利用的资源，为培养学生的科学学科核心素养服务。要想实现科学课程的育人目标，使学生获得在真实情境中解决真实问题的知识与能力，学会像科学家一样思考问题，像工程师一样解决问题，就要提供给学生可操作的课程资源,让学生与文本、与实物、与网络、与山川、与各种生命进行直接或间接的对话。

3.改变了以往课程实施活动空间的单一性

陶行知先生曾提出,要解放儿童的头脑、双手、嘴、空间和时间,并且给予充分的营养。让儿童置身自然,研究自然,较之于几十平方米的教室,学习的时空更加广阔,手、口也更加自由了,他们就会感到自主、轻松、愉快。虽然课堂是实施课程的最主要场所,但由于科学课的学习已逐步扩展到包括跨学科主题学习在内的综合性、实践性活动,因此除了课堂以外,所有校内相应的课程资源和挖掘、整合到的校外各种社会资源,包括公共图书馆、博物馆、展览馆、科技馆、青少年活动中心、各类企事业单位、农村、部队、政府机关、高等院校和科研院所,以及广泛的自然资源,都可以成为科学课程实施的活动空间。校内与校外科学课程资源相互转化的可能性越来越大,转换协调机制、有效开发和利用机制越来越成熟。这些资源为实现课程目标、培养学生形成"关键能力"提供了充足、实用的条件。

(二)小学科学课程资源对课程实施主体的应用价值

在小学科学课程资源的开发利用中,课程专家不再是唯一的主体,教师和学生既是教与学的主体,又是课程资源的开发主体。

1.小学科学课程资源有利于科学教师的专业发展

科学教师在整个课程资源尤其是素材性资源的开发和利用过程中起着决定和主导作用。教师本身就是科学课程资源组成部分之一,对教师来说,小学科学课程资源的开发与利用不仅是挑战,同时也是自身专业发展的机遇。一方面,教师需要花费更多的时间与精力,根据小学科学课程发展的需要,结合小学生的身心发展特点与当地资源分布的实际,对丰富多彩的资源进行鉴别、筛选,还需要对科学课程资源的潜在价值进行开发并在适当的情境中加以合理地利用。另一方面,这也是提升教师专业素养的极佳时机。教师的课程意识、学科知识以及包括获取信息能力、交往能力、课程设计能力、教学能力、表达能力、组织能力、教育科研能力、学习能力、全面创新能力等在内的专业技能等,均会得到大幅度提高。

2.小学科学课程资源有利于学生的有效学习

学生是永恒的资源,是课程资源的核心。这不仅因为所有课程资源最终都要作用在学生身上,而且因为所有课程资源能否发挥预期的效果,还要看学生利用课程资源的有效程度如何。

对学生来说,小学科学课程资源的开发与利用不仅有助于拓宽学生科学学习的渠道,还有助于激发学生探究的兴趣和欲望,有助于学生学习方式的转变。有心理学研究表明,人类的学习,有 1.0% 通过味觉,1.5% 通过触觉,3.5% 通过嗅觉,11.0% 通过听觉,83.0% 通过视觉。多种多样、具体鲜活的课程资源,能有效地调动学生的多感官参与学习,将教学内容多渠道地传递给学生,帮助他们不断扩展对周围世界科学现象的体验,将科学知识学习与实际社会生活结合起来,从被动地接受学习转向主动地探究和发现。同时,学生的生活经验、感受、兴趣、爱好、知识、能力等构成课程资源的有机成分,大量具体形象、能亲自参与的社会和自然资源将促使学生主动进行探索,解决如何获取信息、如何分析和处理信息等问题,使科学课的学习收到最佳效果。

第二节　小学科学课程资源开发和利用的原则与策略

一、小学科学课程资源开发和利用的原则

课程资源的开发,就是探寻一切可能进入课程、能够与教育教学活动联系起来的可供开发的资源。课程资源的利用实质上是赋予现有课程中的资源教育教学价值。课程资源的开发与利用密切相连,开发是前提与基础,利用是目的与结果。基于小学科学课程资源的内涵、类型及应用价值,其开发和利用应遵循以下原则:

(一)思想性原则

思想性原则是指小学科学课程资源的开发和利用,要发挥其所蕴含的思想影响,使小学生在学习科学知识的同时,接受一定的思想品德教育。德国教育家第斯多惠认为,"任何真正的教学莫不具有道德的力量",课程资源亦是如此。习近平总书记在全国教育大会上强调,在党的坚强领导下,坚持中国特色社会主义教育发展道路,培养德智体美劳全面发展的社会主义建设者和接班人。因此,在课程资源的开发和利用中应遵循思想性原则,在课程目标的有效达成中,在有限的科学探究活动中,使学生在科学知识、科学思维、科学方法以及情感态度价值观方面学有所获,使学生成长为全面发展的人,全面落实立德树人工程,实现小学科学课程的育人价值。

（二）科学性原则

科学性原则是指小学科学课程资源的开发和利用要以科学思想为指导，必须为围绕课程标准所提出的课程目标服务。如，在课堂教学中，要将大概念作为课堂教学目标之一，要基于学习进阶设计少而精、连贯一致的中小学科学课程，要实施基于思维的科学探究等。这是因为科学课程标准既是科学课程的行动指南，也是科学教学的出发点与归宿。我们的教学，我们对课程资源的开发和利用不能脱离这个核心。同时，"小学科学课程资源开发和利用的方法与途径也需要符合科学性的要求，需要通过调查研究、精心筛选、反复实践和论证等一系列检验过程方可形成。"

（三）开放性原则

开放性原则是指在小学科学教学实践中要以开放的心态对待课程资源的开发和利用。小学科学课程资源的开放性包括课程资源类型的开放性、课程资源空间的开放性、课程资源开发和利用途径的开放性等。类型和空间的开放性，是指不论以什么类型、形式存在的课程资源，不论校内外、城市农村、国内外的课程资源，只要是在法律允许的范围内，只要是在不危害社会和环境保护的范围内，只要有利于提高小学生的科学素养，就可以考虑开发和利用。途径的开放性，指课程资源的开发与利用不应局限于某一种途径或方法，应探索多种途径或方法，协调配合使用。

（四）适切性原则

适切性原则是指根据课程目标发展的需要适度地开发可供利用的一切课程资源。要避免"走过场""求高大上"等做法，要遵循小学生的生理和心理发展特点及教育教学规律。此外，还要考虑课程资源的典型性和普遍性。典型性是指在众多素材中具有典范性的素材，这些素材能够完整、全面、充分地说明同类素材的性质、特点、作用等。普遍性是指选择的资源必须是具有普遍意义的资源。因此，在小学科学课程资源的开发和利用过程中，要考虑选择的对象、提取的内容以及内容所涉及的范围和表现的方式等问题，选择那些适合小学生的身心发展规律、适合小学科学教学的资源进行开发和利用。

（五）差异性原则

小学科学教学活动时刻依靠各类课程资源的支撑，课程资源开发主体不同，对课程资源开发和利用的需求会有差异。以区域教育行政部门为主体进行的小学科学课程资源开发，其目的是促进该地区教育的整体发展，其需求则依据该地区教育发展的现实情况与未来发展而确定。以学校为主体进行的课程资源开发,就要考虑本校的优势与不足,设计学校当前课程实施及未来课程发展的规划,确定课程资源开发的目的及相应的途径和方式方法,以满足全校科学教育对课程资源的需求。以小学科学教师为主体进行的课程资源开发,教师会结合本人的教学观念和教育教学水平,根据自己所教学科的特点及学生的实际,确定自身的需求,以此为课程资源开发的起点。正是由于上述课程资源开发主体的视角不同,开发的课程资源必然有适用范围的差异性,因此在课程资源利用过程中一定要根据需求的层次性差异,进行有效的整合和重新梳理,而不是绝对的拿来主义。根据小学科学教学活动需求开发和利用课程资源的前提:首先,把握小学科学课程资源需求的客观性、长远性。对小学科学课程资源的需求源自对现有资源的不满足,源自对理想的追求及面向未来的积极态度。其次,充分考虑小学科学探究活动中情景需求和小学生个体差异。小学科学教学活动是一个动态的过程,这个过程充满了未知数,表现出鲜明的情境变化和个体认知的差异变化,因此,在进行课程资源开发中一定要正视它们。

（六）经济性原则

经济性原则是指在小学科学课程资源的开发和利用中,尽可能降低开支、时间、空间、开发人员的成本,以达到低投入、高产出的效果。开支的经济性,指用最少的经费支出取得最佳的效果,尽可能开发利用不需要多少经费的课程资源,提倡变废为宝。时间的经济性,指应充分利用身边已有的课程资源,针对不同的教学情况,不等不靠,短时高效地解决实际问题。空间的经济性,指课程资源的开发利用尽可能就地取材,充分挖掘身边得天独厚的资源,无须舍近求远,更不能让现有的课程资源大量地闲置和浪费。开发人员的经济性,指没有必要大规模设置课程资源开发和利用的研究机构和研究人员,可以采用一线教师为主体、教育专家和课程专家共同参与研究的方法,这样更有助于提高教学的实效性。

学校要树立课程成本的观念,提高课程资源的利用率,提倡因地制宜、因陋就简和师生共同创造性地开发和利用各种课程资源,鼓励学生之间、师生之间交流各种学习资源。学校不能一味追求条件性课程资源的现代化,更不能让现有课程资源大量地闲置和浪费。

（七）创造性原则

创造性原则是指小学科学课程资源的开发和利用没有固定的模式,不应强求一致。不同地区、学校及教师,应从实际出发,扬长避短,发挥地域优势,强化学校特色,展示教师的教学风格,突出教师的个性和创造性。科学本身就是不断发展的,小学科学课程资源的开发和利用本身就是一项极具创造性的实践活动,需要与时俱进,要经常思考是否在教学中恰当地融入了新技术,是否在教学内容上体现出与不同学科融合的跨学科特点,是否在教学环节的处理上根据班级文化进行了创造性的尝试。因此,没有了创造性,其开发和利用就会流于机械主义和形式主义,就会陷入照搬、照抄的窠臼,失去课程资源开发与利用的意义。

二、小学科学课程资源开发和利用的策略

合理地开发与利用课程资源,既能为学生的学习方式转变提供广阔空间,也能为科学教育教学的高质量发展提供重要保障。要让课程资源发挥有效的教育效能,就必须要有开发和利用课程资源的有效策略。

（一）投入与保障策略

对教育主管部门来说,支持与监管应双管齐下:一要加大对学校的资金投入;二要加强对学校科学教室等相关课程资源配备的督导检查,将其纳入对学校的评估体系。对科学教室等课程资源的有效监管,可确保学校科学教育的正常进行,确保小学科学课程资源得到有效的开发和利用。

从学校自身来说,应准确理解、把握科学课的课程性质。一要建设科学课学习的专用场所——按生均比例建造的科学教室,科学教室是学生在校学习科学课的专用场所,它营造出来的学科学氛围是普通教室无法替代的;二要加大对科学教室及科学教室配套设施、实验器材等课程资源的经费投入;三要配备具有理科背景的专职教师,组建科学教研组;四要建立健全学校科学学科教学常规管理制度,如任课教师的科学教室使用规则,实验材料的收纳、整理规则,学生在科学教室内的安全规则,小组合作规则,探究实践活动的规则等。

（二）人力资源的开发与利用策略

人力资源是小学科学课程资源开发和利用过程中不可忽略的一部分,它包括教师、学生、家庭及其他社会力量。

教师是科学课教学过程中的重要课程资源,教师所具有的专业知识、教学技能、理论修养及人格魅力等决定着开发与利用课程资源的深度、广度以及课程资源发挥效益的程度。长期以来,我国小学科学教师队伍存在流动性大、年

龄偏大、学科背景杂、兼职教师居多的现象。因此,从教师层面来说,一要加强终身学习意识,通过专业报纸、理论书籍、智慧平台等途径,获取学科发展新动态;二要通过集体研修,教师间的相互交流、相互学习来提高自身的科学素养,既要低头看路,也要仰望星空。从学校层面来说,应摒弃对科学课程是"小科"的思想,给科学教师创设制度化、常态化的学习、研修平台,提高其开发和利用课程资源的技能。

学生是课程资源的核心。他们与生俱来的好奇心、如科学家一般的探究精神是科学课里最好的课程资源。首先,学生资源的开发,要利用好学生身上的强势智慧。强势智慧是指学生看到别人做某件事,自己会有一种"我也想做这件事"的召唤感,当完成一件事时会有一种满足感或欣慰感,做某类事情时非常迅速,无师自通……这就提醒教师,课程资源的开发和利用是为了在学生身上产生良好的学习效果,不仅要重视学生不同侧面的智慧,还要拓展其发展智慧的空间,尽可能地发掘出每一个人的潜在能力。其次,学生资源的开发,要学会尊重学生,鼓励学生有自己的观点;对学生做的事情表现出兴趣,利用眼神、手势等肢体语言对学生与众不同的表现作出反应;允许学生作出自己的选择,鼓励学生独立思考;调动学生"当小老师"的积极性;允许学生犯错误,给学生转变、过渡的时间;允许学生有不同或反对的意见。

此外,家长及社会各界人士也是重要的小学科学课程资源。他们所从事的行业不同,有各种各样的资源优势,如可以聘请科技人员和各类专家担任学校科技活动的指导教师,聘请有一定专长的家长定期为学生作科普讲座。这部分资源的合理利用,能够有效提高小学科学的教学质量,并能引起社会各界对小学科学教育的关注。

(三)已有课程资源的开发和利用策略

学校是学生学习的主要场所,丰富的学校课程资源有利于学生进行自主学习和主动探究。因此,学校要按照科学课程的要求和特点,加强科学教室、图书馆、阅览室等硬件的建设及环境装饰,考虑开放科学教室,为学生提供"全天不设防"的探究场地;购足配齐实验器材、挂图模型标本等,保证有足够的材料可供学生使用。

学校图书馆、阅览室、开放式阅读角和走廊书墙是学生进行阅览的好场所,因此,应在这些地方增加科技类书籍的藏书量,有条件的学校还可以增设电子阅览室,引导学生学会通过阅读获取所需的信息和资料。在校园内设置科技园、种植园、养殖园、气象园、科技长廊、天象馆等,为开展探究实践活动提供功能不同的活动场所,在这些真实环境中获得的观察和探究资料,是课堂教学中的生动、鲜活的课程资源。不定期举办各种科学专题活动(可结合全国科普日等),让学生在科学阅读、探究实践、科技创新、动手制作等活动中获得全方位的满足感,激发他们爱科学、学科学、用科学的兴趣和志向。

（四）校外课程资源的开发和利用策略

每一所学校的校外环境都蕴藏着独特、丰富的科学课程资源,这是校内课程资源的重要辅助和补充,是科学课程取之不尽、用之不竭的宝藏。校外课程资源主要是指包括家长在内的科技工作者等人群,还有一些不同类别的场所,如植物园、动物园、科技场馆(图书馆、科技馆、博物馆、少年宫等)、果园、菜园、养殖场、工厂、科研院所、大专院校等;无论是在城市还是在农村,学校都应根据自身的优势,多渠道,多途径,充分挖掘身边的社会资源和自然资源,通过合理开发,有效缓解本校教学资源的短缺,实现科学教育活动向社会、向家庭的延伸。虽然学生在学习科学课程的过程中要有校内、外课程资源共同做支撑,形成对世界的完整认识,但二者毕竟在空间上存在距离,因此在开发和利用中应注意以下几点:

1.教师可以根据课程目标的需要,与驻区科研基地、研学基地、高科技企业建立联系,共建探究实践活动场所,采用科普讲座、座谈、特色活动等多种方式,联结学校的教育教学活动,使课内外的教育有机结合。教师还可以在开展学科主题活动时,寻求社会各层面、各机构、各系统的支持,在其协助下完成活动。

2.可结合学校主题学习活动聘请行业专家作专题讲座;利用社区资源开展特色探究实践活动,让学生在参与社会实践活动的过程中,激发学科学的积极性,培养运用科学知识解决实际问题的能力。

3.建立家校联动机制,让学生参与家庭科学氛围的营造,制订"家庭书单"计划,为学生家庭推荐科技、科普类书籍书目,增长知识;辅助建立家庭实验室,鼓励孩子充分利用家庭现有材料开展探究实践活动。

4.农村学校可结合当地实际情况,因地制宜,与一些种植户、养殖户、农技站等建立联系,运用这些资源将探究实践活动从课堂扩展到田间地头,获得科技改变生活的真实体验。

（五）网络资源的开发和利用策略

网络资源又称网络信息资源。网络信息资源以网络为载体,以其开放性、丰富性和交互性的优势,在促进教学手段更新、弥补实体教材不足、转变学生学习方式等方面,作用巨大。网络资源可以冲破从远古到未来的时间界限,为学生提供更丰富的感知材料及相关信息;可以打破从身边到地球上每一个角落的空间界限,使师与生、生与生、师生与外界间进行更广泛、更及时的交流。网络资源极大地拓展了科学课程资源的时间、空间和信息量的外延。

为此,一方面,教师可以根据教学目标、教学内容和学生认知能力水平的不同,给学生推荐一些有价值的网站,引导学生浏览、查找、筛选、提取、整合各种信息资源,为教育教学工作服务,还可以利用 AI 技术辅助课堂教学。这样不仅能够扩大学生的信息来源,还实现了人机互动下的教学评价,使课程资源的范围根据需要被放大。另一方面,教师也要积极参与网络资源的建设,将自己的教育教学成果上传至网络平台,使之成为网络资源的一部分。

(六)其他学科课程资源的开发和利用策略

《义务教育小学科学课程标准(2022 年版)》中新增了"物质与能量"等 4 个跨学科概念。《基础教育课程教学改革深化行动方案》在部署"科学素养提升行动"中明确指出"强化跨学科综合教学"。这表明,"要用不少于本课程 10%的课时来实施"的跨学科主题教学将成为落实新课标精神的一个重点。因此,在科学课程资源的开发和利用中要注重课程资源多元化整合,既横向关联相关学科,又实现学科内容的纵向贯通;既要充分发掘科学课程特有的资源,也要充分利用其他学科的课程资源,明确各个学科课程资源之间存在的交叉与互补,促进学科间课程资源的合理配置与优化发展,确保学生在学习活动中获得真实发展。

第三节 小学科学课程资源开发和利用的有效途径

一、学校课程资源开发和利用的有效途径

小学科学教育活动主要是在校内进行的,学校课程资源是师生进行探究实践活动的重要资源。按照存在方式的分类标准,学校课程资源可分为物质形态和精神形态的课程资源。物质形态课程资源是指校舍建筑和场地设备、花草树木等各方面设施,如班级教室、科学教室、多功能活动教室、多媒体网络教室、学校图书馆、阅览室、种植养殖园、气象观测站等各种活动场所,这些都是看得见、摸得到的显性文化,是学校物质文明建设的成果。精神形态课程资源是指学校教育

愿景、精神风貌、个性特色和社会影响等,是精神、气质、态度等非物质文化课程资源,是看不见但感受得到的隐性文化,是学校精神文明建设的成果。只有合理开发和利用校内课程资源,才能使小学科学教育教学切实满足学生发展需要。

（一）物质形态课程资源的开发利用

每一所学校都有独特的校园环境,配套设施完善、各种设备齐全的校园环境能为培养学生的探究实践能力,促进学生形成学科学、爱科学的品质,提供必要的物质条件,将"动手做"落到实处。

1.科学教室是学生体验、感悟科学探究过程,获得直接科学经验的场所。学校应该设立科学课专用教室,将实验专用仪器设备与装置、配套的挂图、模型、标本等配足配全。还可以根据新课标的特点,改造、升级、重新布局原有的实验室,更新升级科学课程所必需的实验仪器和设备,使之适应科学课程教学新需求。科学教室一方面可以给小学科学教师提供课程设计与研究的场所,提高其专业能力,另一方面可以给小学生提供便利的探究场地,规范小学生的基本实验操作。

2.阅读是学生获取科学知识的一个重要途径。学校的图书馆和阅览室应争取教育行政部门和学校的资金支持,用来扩大场地、丰富与科学教育有关的图书资源,增加藏书量。通过向学生全面开放图书馆、阅览室,或采用在教学楼走廊安置摆放书籍的书架、设置图书角的方式,方便学生随时阅读,提高藏书的利用率。

3.充分运用互联网扩展电子课程资源数量和范围,将其补充、添加到学校的科学课程资源中。另外,也可以利用云空间、网盘等方式保存一些专题论文、专著、图片、教学案例、课堂实录、微课等。

4.建立校园科学教育基地。在校园里开辟科学教育园地,如农作物种植园、花卉苗圃、气象站、饲养园地等;在校园内设计并建立科学研究模型或装置,如太阳钟、风力发电机、太阳能电池装置等。

5.创建各类科学活动兴趣小组和社团,如航模小组、编程赛车小组、清洁能源开发小组、机器人小组、创客空间等,组织学生参加社团活动,发展学生学科学、用科学的能力和水平。

6.组建以教研组为基本单位的教师团队,积极开发与科学教育有关的校本课程。

（二）精神形态课程资源的开发利用

如果说物质形态课程资源是学校育人的外在躯壳,精神形态课程资源就是学校育人的内在灵魂。

1.应充分利用校园、教室的布置创设科学教育环境。可在学校教学楼的各楼层走廊分别设置主题走廊,例如:一楼是"生活中的科学",展示生活中常见现象里蕴藏的科学道理;二楼是"科技人物",展示一些科学家、工程师的事迹,对学生进行潜移默化的影响;三楼是"有趣的动物或植物世界",展示自然界中一些珍稀的动植物;四楼是"未来世界"……开阔学生的视野,让学生遨游在科技世界的海洋。此外,还可以在班级教室或科学教室内布置科学教育资源的挂图、展板,在校园里设种植园、养殖园、科技长廊等课外探究与实践场所。

2.营造校园科学教育活动氛围。通过学校的行为规范和激励制度的导向、各种形式的宣传教育,以及学校各种科技活动网络和制度的建立,促进学生学科学、用科学、爱科学氛围的形成和学风、校风的树立,创设科学教育的软环境。

二、家庭课程资源开发和利用的有效途径

家庭是学生学科学、用科学的延伸场所。家庭里有着丰富的科学教育资源,主要包括家长的阅历与职业背景、家庭饲养与种植的动植物、家庭科技藏书等。家庭的日常生活和每个孩子密切相关,如家具、电器等物品陈设,居室的空气、光线、温度等都包含着潜在的课程资源和适合小学生进行探究实践的课题资源。科学教师应当加强与家长的联系,建议家长尽量营造适合孩子进行科学学习的氛围,关注并参与孩子的探究实践活动,发挥自己的职业优势,经常带孩子走到室外,与大自然亲密接触,接触社会,进行社会实践,到科技馆、博物馆、天文馆、植物园等场馆参观,增长见识。农村学生的家庭中蕴含着丰富的农业科技经验和农业科技实践机会,鼓励学生参与家庭农业实践,以此弥补学校教育在时间上、程度上的不足。具体做法如下:

(一)家校沟通与协调是实现科学学习向家庭延伸的前提

科学教师可以利用学生家长会、家长开放日和学校科技节等活动,让学生家长了解科学教育对学生科学素养形成所起的重要作用,了解科学课程的内容、方法,理解早期的科学教育对一个人科学素养的形成具有决定性的作用,从而让家长意识到学习科学课不只是学习科学知识,更重要的是培养学生探索科学的方法和能力,同时科学课也有助于其他各科的学习,促使家长关注和参与学校的科学教育。

(二)家长的帮助和支持是实现科学学习向家庭延伸的保障

科学学习活动是一个连续、动态的过程,由于课堂时间和空间有限,一些科

学学习活动无法顺利开展,尤其是一些需要长期观察实验的活动,如果有学生家长的参与和支持,既可达到预期的教学目标,又可降低活动中可能存在的困难和危险。

1.一起进行简单的探究实践活动。亲身经历以探究为主的学习活动是学生学习科学的主要途径,同时也是促使家长参与和支持学生科学探究活动的有效途径。如果让家长也体验一下这种探究活动,就会产生多方位的综合效应。教师可以通过《给家长的一封信》等形式,把一些小实验、观察和观测活动,如观察月相的变化,观察日食、月食,观察种子的萌发、水域污染和空气污染等,以及家庭饲养、种植活动等科学活动的目的、观察记录的各项指标要求写清楚,获得家长的帮助和支持,则一定能对家校共同培养学生的科学素养产生潜移默化的作用。这些活动的开展,扩大了学生的视野,提升了学生的科学活动兴趣和科学素养,还增进了家长和教师之间的理解。

2.一起开展家庭科技活动。这也是学生学习科学课程的有机组成部分,如鼓励学生参与家庭居室装修设计、电路设计、美化居室设计、小发明小创造等,让学生在家观察水的毛细现象、沉与浮现象,制作冬季室内加湿器、花盆自动浇水器等观察和制作活动,这些都是非常好的实践活动,开展这些活动,既解决了家庭生活中的实际问题,又培养了学生的科学素养。一些学校教师曾经让学生回家后参加一项家庭科技活动,通过学生的记录报告和部分家长反馈,了解到很多学生在这些家庭科技活动中得到了家长的支持和配合,孩子通过参与活动获得了很大的成就感,增强了学习科学的兴趣,大大提高了自信心。这说明家庭科技活动对学校科学教育有很大的促进作用。

挖掘、利用家庭科学教育功能,使学校的科学教育与家庭的实践活动互相结合,发挥学校科学教育第二课堂的作用,从而全面实现科学教育的有效延伸。

三、校外课程资源开发和利用的有效途径

校外课程资源是小学科学课程资源开发和利用的重要组成部分,其丰富的教学资源为校外教育注入了新的活力。如何最大限度地开发和利用校外课程资源,以满足小学科学新课程目标的发展需求,不仅是学校的事情,更是全社会的事情,更需要依靠政府委托综合管理部门统筹协调,因地制宜建立学校、家庭、社会相结合的多功能少年儿童活动场所,弥补学校科学教育在物质资源方面和人力资源方面的不足。

（一）社区课程资源开发和利用的具体做法

一要获得各方人士的广泛支持。主要包括：(1)学生家长的支持；(2)社区行政领导、相关单位领导和工作人员的支持；(3)社区具有专业特长的离退休人员的支持。他们的支持能够为学校的科学教育办好事、办实事,解决学校聘请科技活动指导教师、聘请科普专家做讲座的难题。

二要做好对社区科学课程资源的充分调查与科学评估。建立社区课程资源信息库,明确社区有哪些科学课程资源,哪些是学校没有而必须从社区获得的课程资源,哪些是社区可以单独提供的课程资源,哪些是学校和社区合作才能实施的课程资源等,选择最佳的课程资源以完成具体的科学教学目标,避免造成资源的浪费。

三要结合本校和本社区的实际,实现小学科学探究教学方式向社区的延伸。教师在组织学生到社区进行科学学习活动时,一定要结合本校和本社区的实际,制订切实可行的学习活动计划,让学生运用各种探究方法进行科学学习。社区科学教学资源可以充分实现培养学生科学探究和实践能力的目标,使学生走出课堂、学校,结合具体教学内容的学习,在社区中进行广泛而深入的调查研究。同时,也可以利用社区常见的宣传资源进行科学普及活动,如参观、访问、调查、观察、交流等。这样有利于学生发展发现问题、分析问题、解决问题、多向思考、交流表达等能力,形成积极进取、勇于探索、关心社区发展等方面的情感态度与价值观。引导学生以感恩的心态去面对社区的科学学习资源,树立要精心呵护和珍惜身边科学学习资源的意识。

四要根据学校所处的地理位置,与社区科研院所、大学实验室、企事业单位共建科学教育基地,开展现场科学教学活动。地处农村的学校可以和邻近的农户、养殖场建立科学学习关系单位,根据需要带领学生到田野和养殖场现场教学。科学教育基地的建设、开发和利用可以采取请进来的方式,充分挖掘社会资源,发挥社区在小学科学教育中的作用,将科学学习的课堂扩大。学生在基地中可以进行社会调查、参观考察、义务劳动、生产实习、科学实验等活动。这不仅有助于丰富学生的生活、拓宽学生的视野、增强学生应用科技知识解决实际问题的能力,还可以培养学生发现问题、提出问题以及自己寻找解决问题的方法等能力,从而开发和培养学生的创造力。

（二）场馆教育课程资源开发和利用的具体做法

近年来,场馆学习成为学校教育以外的一个新的学习领域。场馆学习本质上是一种非正式学习，它不仅使人获得知识，同时也能帮助参观者提升兴趣、观念等。参观者是以个体的认知发展、已有的知识建构以及参观动机为基础，与场馆里的展品和媒介进行交互，通过互动来建构其个人化的参观经验。因此，应该提倡场馆教育与学校科学教育紧密结合，增强教育的实践性，让学生学会在真实的情境中解决真实问题，培育完整的人格。

让场馆教育真正融入学校教育，真正成为学校科学教育的重要拼图，需要馆校协同，构建完整的学习圈。其中主要包括几个要素：一是时间规划，明确时间段与时间点；二是平台搭建，确定选择什么样的场馆作为资源单位，并搭建起联通平台；三是建设基地，学校可以根据自己的需要设定重点联动场馆，建立定期的互动方式与途径，将这部分场馆作为学校的学习基地；四是研发课程，学校可以与场馆合作研发包含目标、内容、实施、评价在内的特色课程，并将此纳入学校的地方课时或者校本课时；五是延伸学习，延伸学习的目的在于"活化"知识。"活化"知识需要还原知识的形成过程，让知识贴近学生的生活实际，将科学课堂延伸到场馆，从而让学习更加真实而深刻。

四、网络课程资源开发和利用的有效途径

网络是信息传输的载体，其传输的信息构成了一个巨大的网络资源库。在教育现代化快速推进的进程中，网络资源作为一种重要的课程资源，具有信息容量大、智能化、虚拟化等特点。因此，网络资源的开发和利用在弥补教材的不足、转变学生的学习方式、更新教学手段、促进教学手段现代化等方面，具有巨大的发挥空间，对于强调"动手做"的小学科学课程来说，如何开发和利用小学科学网络课程资源，逐渐受到广泛关注。

（一）积极置身网络课程资源的建设

面对浩瀚如烟的网络课程资源，小学科学教师应有既是使用者也是研发者的角色意识。使用者是指教师在进行与教学有关的一切工作时，通过搜索、查询，充分利用网络课程资源，丰富和优化自己的教学设计，提高制作课件的水平。一些小学科学教育网站、微信公众号、QQ 和网络期刊数据库等，可为教师提供一切可参考的课程资源，如教学设计案例、教学素材、科学教育前沿理论、科学知识、科技活动方案等。研发者是指小学科学教师把自己设计、开发的教学设计案例、课件、微课、教学论文等资源上传至网络，与他人分享自己的教学经验，或者通过一些专业网站、微信群、QQ 群等，与不同地区、不同层次的教师

相互讨论、取长补短,这样有助于提升教师自身的专业素养。

（二）依托网络平台开展科学学习

探究和实践是科学学习的主要方式,但网络平台也为学生自主学习提供了无限可能。

1.网络可以"答疑解惑"。师生在学习中遇到问题,可以"问网络",但须注意,一定要多查相关资料,辨别真伪再加以利用。鱼目混珠,正是网络资源的一个弊端,教师要小心甄别并对学生进行正确的教育与引导。

2.网络可以丰富教学的形式。对于一些无法通过观察和实验认识了解的科学概念,网络教学提供的图文并茂、视听一体的集成信息就显示出它强大的功能。但需注意的是,网络教学对于"动手做"来说,是辅助,不是替代。

3.网络可以转变学习的方式。在这个知识快速迭代的时代,一个人必须要有获得新知识的能力,而网络恰是一个可自主收集资料的平台。教师在教学中要充分发挥学生的主体作用,尤其针对高年级的学生,可以给予他们自主学习的空间,引导他们利用网络收集信息,整理信息,直至解决问题。

4.网络可以实现师生互动。教师可以通过电子邮件、办公软件与学生进行沟通,交流信息,实现云端管理。

5.网络可以"坐享"远程教育。借助网络,学习者可以在课堂上看或听远距离传输来的教学内容,也可以在家里看到课堂的景象、听到教师的讲授,并能与教师进行"面对面"交流。远程教育有利于缩小城乡差别,让包括农村偏远地区在内的中小学生与城市学生共同享受到丰富的教育资源。

目前,科学技术的发展使现代教育技术得到了迅猛发展,计算机技术、智慧教育进入学校,进入课堂。它有许多优点,如模拟性强、可操作性强、能提供海量的网络资源、具有先进的智能性等,为科学学习搭建了宽广的教学平台,因此在小学科学日常教学中,我们可将其与其他课程资源结合起来,合理利用,以达到优化科学课堂的目的。

总之,小学科学课程资源对科学课程的实施具有重要的价值,为此学校要开发出适宜核心素养发展的科学课程资源系统,通过科学的课程管理建立起课程资源的协调与共享机制,以及相应的经验交流和合作研讨机制,推动科学教学的有效进行,促进学生核心素养的形成和发展。

第三章 课堂管理篇

赫尔巴特说:"如果不坚强而温和地抓住管理的缰绳,任何功课的教学都是不可能的。"

以探究和实践为主要学习方式的科学课,内容丰富、活动多样、开放性强,是学生们喜欢的一门课程。小学生对事物、现象充满好奇,但注意力容易分散;敢想、敢做却经验不足,争强好胜。心智上的不成熟,让他们在面对真实的、可以支配的材料时,常表现出无序、吵闹、混乱,甚至失控的状态。试想,在这种状态下探究实践的效益会如何?深度学习会发生吗?

"无规矩不成方圆。"课堂管理是确保教学质量的重要因素,良好的课堂秩序是上好科学课的首要及必要条件。教师的课堂管理能力高低决定教学目标能否有效达成。学会课堂管理,让课堂教学活动在积极、互动且充满活力的氛围中展开,有序、高效地完成教学内容,对培养学生的学科核心素养具有十分重要的意义。

第一节　小学科学课堂管理的内涵和意义

一、小学科学课堂管理的内涵

(一)课堂管理的内涵

课堂是学生学习和获得发展的场所,是教师开展教学活动的阵地,也是一个充满变数和不确定因素的系统的微型社会。课堂由教师、学生和各种有效环境等构成,具有多维性、同步性、公开性、历史性、不可预测性、即时性等特征。课堂教学也称"班级上课制",是学校教育的基本教学组织形式,课堂教学的方方面面都需要课堂管理来支撑。

　　课堂管理对于我国教育界而言，是一个新兴词语，它在 20 世纪 80 年代被引进并逐渐应用于学校课堂教学领域。一直以来，对课堂管理概念的界定，中外学者有着不同的理解：

　　美国学者古德将课堂管理定义为"处理或指导班级活动所特别涉及的问题，如纪律、民主方式、补充和参考资料的使用与保管、教室的物理特色、一般班务处理及学生社会关系"。

　　莱蒙奇则认为，"课堂管理是一种能够挖掘学生的内在力量和促进学生的学习进步的良好的课堂生活，是能使学生发挥最大效能的活动"。

　　施良方等人的观点是"课堂管理是教师为了保证课堂的教学效益与课堂秩序，协调课堂中人和事、时间和空间等各种因素及其相互作用的过程"。

　　田慧生认为，"课堂管理是教师通过协调课堂内的各种教学因素而有效地实现预定的教学目标的过程"。

　　在艾默看来，"课堂管理是教师一连串的行为和活动，旨在创设教室情境，促进课堂活动中学生的合作与参与，培养学生的责任感，引导学生主动学习，处理学生问题行为，建立良好的课堂秩序"。

　　国内外研究学者的不同观点，一来可以让我们了解课堂管理概念的发展变化，二来可以让我们从中获取对课堂管理的本质与含义的理解。随着我国义务教育课程改革全面迈入核心素养时代，课堂教学由以"教"为重心向以"学"为重心进行转变，教师从"知识传授的人"变成了"组织、调控教学的人"。师生关系强调平等、和谐，师生之间可以互相理解，共同进步。管理模式上，更强调教师与学生要进行双向的互动交流，学生要积极参与课堂活动，体验情感，发展思维。课堂学习活动成为师生平等交往、共享经验的过程，因此广大教师应摒弃"课堂管理就是教师管制和学生服从"的狭隘认识，要顺应当下育人方式变革的大趋势，依循新课程、新课标的理念，向"眼里有人"方面转变。

　　另外，笔者在一些相关文献中发现，有学者认为"课堂教学管理"等同于"课堂管理"。实际上，国外学者最早是对课堂管理进行研究的，随着时间的推移，研究越来越纵深、细化，于是将"课堂教学管理"从"课堂管理"中分离出来，成为课堂管理的一部分，因此不可将二者视为同一个概念。但实际上，课堂教学管理与课堂管理在教学过程中不可分割，课堂管理问题通常是教学问题。学生良好的行为与有效的教学之间是密切相关的，学习目标明确、活动生动有趣、能够唤起学生自主学习意识的教学是课堂管理的关键因素。正因如此，最重要的课堂管理措施就是组织有效、有序、有趣的课堂教学。

综上所述,我们可以在这里将课堂管理界定为:教师为达成教育教学目标,协调、控制课堂中各种教学因素及其关系,为激发和唤起学生主动建构、积极参与的学习积极性而采取各种活动和措施的过程。

（二）小学科学课堂管理的现状及内涵

"课堂是一个师生共同活动的物理空间,更是一个具有多种结构的功能体,是在教师、学生及环境之间形成的一种互动情境。"小学科学课堂的课程性质、课程理念与课堂管理现状之间的矛盾,使得它的课堂管理内涵有别于其他课程。

1.小学科学课堂管理现状

长期以来,受学科地位、师资队伍等诸多因素的影响,小学科学课堂管理的现实状况与课程理念之间还存在一定差距:一方面,在课程改革大背景下,教师们逐渐接受并认同课程理念;另一方面,受传统教育的影响,仍然将"管住学生"放在课堂管理的第一位,归纳概括起来主要有以下几点表现:

（1）观念落后。教师对课堂管理的认识正确与否直接关系到课堂管理是否合理有效。新课标的颁布与实施,在一定程度上打破了应试教育格局,但传统教育教学方法对课堂管理观念的影响较大,安静的、教师能够掌控的课堂一直被认为是理想课堂;"知识本位""教师权威""分数至上"的价值取向仍然束缚着教师的思想,"知识的传授等同于教育本身"的观念一时难以消除。教师们在"既然授受知识是教育的核心,而知识是外在于个体的纯客观的绝对的东西,并不因个体的差异而有任何改变,因此对于任何一个学习者来说,学习的目标都是同一的,那就是掌握这些客观知识,将它们准确无误地'反映'到每个学习者的头脑中"的认知前提下,会将"课堂就是传授知识的场所,课堂的所有活动及进程都完全由教师单方面进行,学生只负责接收,一切行动建立在对教师的服从之上"的观念付诸课堂管理。在管理行为上,遵循单向输出原则,以教师对课堂的控制为出发点,用师者威严确保课堂秩序良好,为传授知识创造便利条件。但是,在这种课堂中,学生个体的合理生命需求得不到满足,天性得不到释放,身心得不到健康发展,势必会阻碍学生学科核心素养的形成与发展。

（2）方法不当。目前,许多科学课教师大多采用控制的方法来保障课堂教学活动的顺利开展与实施。为了能够控制住课堂秩序,教师运用各种手段和方法来规范学生的身体和行为,比如要求"坐姿端正"、要求"一切行动听指挥"等,用能否遵守课堂纪律的标准进行赏罚,营造出看似和谐、有序的课堂秩序,实则束缚了学生的自主思考意识,僵化了学生的思维,同时也扼杀了学生的创造才能。美国心理学家安德森曾指出:"当教师对学生多采用威胁、命令甚至惩罚等手段时,学生会显示出较多困扰,有时甚至有较激烈的对抗行为,但大体对教师的管理表示服从;当教师对学生多采用赞赏、同意与协助等方式时,学生不仅能自主解决问题,并且更加具有为集体贡献力量的意愿。"课堂既是学生学习和成长的场所,也是形成和发展核心素养的主要场所。诚然,课堂需要严明的纪律,因为它有利于教师顺利开展教学工作,能够确保课堂的有序和稳定。但是从另外的角度看,教师的控制行为,一是会影响师生间的情感关系,由于师生之间缺乏沟通与交流,不能让学生感受到关爱、呵护和尊重,学生难以向教师敞开心扉,教师也因此不能充分了解学生,容易忽视学生的内心感受,所以师生间非常容易产生信任危机,难以营造出"最佳状态的心意交流"的课堂探究心理氛围,影响探究实践的效益;二是会影响教师对课堂中各种教学因素及其关系的把控,比如说课堂教学时间的分配,教师的单向输出导致师生间缺乏有效互动,课堂教学变成了教师一个人的"独角戏",过多的知识讲解等教学活动难以持久吸引学生的注意力,造成学生在下面溜号、搞小动作的现象,容易引起课堂骚动混乱。这种混乱可能会在短时间内被教师采取的强硬手段控制、压服,但不久就又重复了,这样的课堂并不少见。

(3)能力不足。课堂管理的观念落后、方法不当,根源在教师的专业能力不足。具体有以下四个原因:

①教师对课堂管理的研究不够。课堂是管理存在的基础,管理是课堂教学活动得以顺利进行的基本条件。但在日常教学工作中,一些教师的课堂管理理念和方式,主要是凭借经验积累或与其他老师相互探讨获得的。这种途径获得的课堂管理观念相对滞后,常使得教师精心准备的课堂教学设计没有换来高效的课堂教学。

②教师的管理愿望与能力不够。科学教师在实施课堂管理时,通常会存在三种情况——"不能管理即无能力管理;不会管理,即想管理但达不到效果;不愿管理,即有能力有管理策略但不作为"。出现前两种情况的原因是教师缺少专业、系统的课堂管理方法,一些教师对提升自我教学素养意识不足,日常没有阅读专业书籍、积极参加各种研修活动以提高理论修养的习惯。因此,没有练就过硬的课堂管理基本功,在处理课堂问题时,就会陷入"跟着感觉走"或者"被

牵着鼻子走"的无奈境地。第三种情况则是教师对自己的专业发展意识淡薄，在态度、行为、能力和理念等方面表现出消极应对或者置之不理的态度。

③教师的课堂影响力不够。有课堂影响力的教师在课堂管理中可以轻松地管理学生，而且影响力越大，课堂教学就越轻松。事实表明，有影响力的教师说的每一句话对于学生来说都是十分有份量的。没有足够影响力的教师境遇就不同了，学生对他所教的课程不在意，对他的赞扬和批评也不重视，导致一些科学教师在进行课堂管理时有些力不从心。甚至有的科学教师上课，尤其是有分组实验时，会请班主任老师在教室后面"坐镇"，出现自己的课堂要靠别人来管理的尴尬场面。

④教师的情绪管理能力不够。教师的工作是高情绪工作。教师这个职业要求教师在面对学生时，要保持稳定的情绪，要和蔼可亲、友善真诚、愉悦向上，这是为学生进行探究创设良好心理氛围的首要条件。但在课堂教学中，教师和学生交流时会遇到很多问题，在处理问题的过程中，如果教师在课堂上的情绪管理不当或者情绪失控，处理问题简单直接、言辞比较激烈，会让学生谨言慎行，让课堂沉闷无声。试想，学生在需要小心翼翼、察言观色的氛围下，还能有探究兴趣，产生思维火花，进行创新实践吗？

2.小学科学课堂管理内涵

《义务教育科学课程标准（2022版）》明确指出："科学课程旨在培养学生的核心素养，为学生的终身发展奠定基础。"这就要求我们在进行科学课的教学时，必然要把培养学生的学科核心素养摆在最重要位置。要把"掌握基本的科学知识，形成初步的科学观念；掌握基本的思维方法，具有初步的科学思维能力；掌握基本的科学方法，具有初步的探究实践能力；树立基本的科学态度，具有正确的价值观和社会责任感"作为最核心的任务。那么，围绕科学课教学的所有生命及学习活动，即教师、学生、课堂物质环境和课堂心理与社会环境、课堂学习时间、知识信息、课堂学习目标、措施及规则等，都是影响课堂管理的因素。

因此在现阶段，我们可以这样理解小学科学课堂管理的内涵：为实现预定教学目标，由教师组织发起、协调控制课堂中所有的生命及学习活动，吸引学生主动、自觉参与课堂活动，达到师生双方互动最优化状态而落实措施、执行规则的过程。

有了对小学科学课堂管理内涵的认识与了解，我们就不会简单地将课堂管理与"组织教学""课堂纪律""课堂秩序"等同起来,而是在实际教学工作中全面、系统地通过课堂管理来为课堂教学活动提质增效。

二、小学科学课堂管理的意义

《小学教师专业标准(试行)解读》指出:"组织与实施能力是小学教师专业能力领域中的重要内容。"课堂管理能力作为小学教师组织与实施能力中的一项重要技能,直接关系到学生各项能力的获得,体现在教育教学实践的各个环节上。著名课堂管理专家布罗菲和埃弗森曾说过:"几乎所有关于教师效能的调查都指出,课堂管理技能的高低足以决定教学的成败,因此课堂管理在教学上非同小可,举足轻重。"因此,重视课堂管理,学会课堂管理,对有效提高小学科学课堂教学质量具有十分重要的意义。

(一)提升课堂环境质量

维持课堂秩序是课堂管理的首要任务。没有课堂管理,就没有适于开展教学活动的课堂环境,就无法正常有序地开展课堂教学,就无法达成教学目标。我们在实际教学中经常会遇到这种情况,还没有开始做实验,学生就已经迫不及待地摆弄实验器材了;明明要求"按组内分工来合作",但依旧是有能力、强势的学生做完整个实验,而相对弱势的学生只能在一旁看着,甚至是无聊地东张西望……本是精心设计的一节课,但在课堂上因为遇到这些问题或干扰,并没有达成令人满意的教学效果。所以说,课堂管理是课堂教学强有力的保证,它能使学生迅速适应课堂情境的变化;缓和与解决各种冲突,形成与维持和谐的人际关系。当课堂出现问题行为与意外事件时,需要教师运用课堂规则来协调、处理与化解问题,维持课堂教学的良好状态。良好的课堂环境需要教师和学生共同参与、共同创设,良好的课堂环境可以促进课堂管理的有效达成。

(二)提高课堂教学效果

课堂教学本身是一种寻求对话的实践活动。互动和交流是课堂的本质特性,是课堂管理的重要任务。为保证教学任务的完成,教师在开展教学的同时,需随时对课堂教学活动进行管理,及时预见并排除干扰课堂教学正常进行的各种因素,有效维持正常课堂秩序,使课堂内个人和集体的合理需要——无论是学生心智的开启、知识经验的获得、探究实践能力的提升,还是教师课堂教学效果的改善,都可以最大限度地得到满足。教师在课堂管理中通过创设充满教育性和启发性的教学情境,激励学生积极参与,促进师生间的和谐交流;同时又通过设计各种有效的教学活动,运用各种教学手段,激发学生爱科学、学科学、用科学的兴趣,提高课堂教学效果。可以说,有效的课堂管理是教师教学及管理艺术高水平发挥的结果。

(三)促进教师和学生的共同成长

现代课堂不再是教师单独的舞台,而是师生共同成长的园地。课堂教学的目的是促进课堂中师与生的持久成长,而课堂中师生的持久成长依靠的是课堂教学活动质量的提高。课堂管理就是要调动各种积极因素,促进师生共同成长。在课堂管理中,一方面,教师通过对课堂中人、事、物等各方面的有机协调,激发每一名学生的参与意识,尽可能使所有学生保持高度的注意力与活动力,争取让更多的学生参与,从而促进所有学生的主动发展;另一方面,教师在学生的回应中评价自己,审视自己,不断激发课堂交流,保持课堂互动。教师与学生共同制订课堂规则,约束学生行为,培养学生自我管理和相互合作的精神,有助于教师将外在控制转化为学生的自我控制,从而避免或减少潜在矛盾和冲突。

总之,在有效的课堂管理下的科学课堂应该是高效紧凑、活而不乱、生机勃勃的。在这里,学生作为独立的个体,有参与、合作的机会,有思考、学习的空间,有自主、自觉、自控、自律的力量。正如美国学者布罗菲对他心目中理想课堂管理所描述的那样:"出色的课堂管理不仅意味着,教师已经使不良行为降到最低程度,促进了学生之间的合作,并能在不良行为发生时采取有效的干预措施;而且意味着,课堂总是持续着有意义的学习活动,整个课堂制度(包括但不限于教师维持纪律的措施)都是为了使学生参加有意义的学习活动达到最高程度,而不只是为了将不良行为降到最低程度。"

第二节 小学科学课堂管理的基本方法

《义务教育科学课程标准(2022 版)》在建议"以探究实践为主要方式开展教学活动"时明确提出"精心组织,加强监控,让学生经历有效探究和实践过程"。这里的"精心组织,加强监控"可以理解为对小学科学课堂管理提出的要求,应该从以下几个方面予以落实。

一、建立完善的课堂常规体系

(一)明确课堂常规和课堂规则的区别

我们在观摩一些优秀教师的课堂教学时会发现,他们的课堂井然有序,给人"一切尽在掌握之中"的感觉。其实秩序的背后,是一整套课堂常规在做支撑。课堂常规是课堂管理的骨架,是指在特定教学情境中反复实践的一系列行为准则,强调的是在重复性的活动中保持行为的一致性和连贯性,用以规定引导学生的言行举止。而课堂规则与课堂常规是有区别的,课堂规则通常是指为维持课堂秩序和学习环境而设定的具体规定或期望的行为规范。有关课堂规则与课堂常规的区别,美国学者托德·威特克尔和安奈特·布鲁肖是这样认为的:

· 课堂规则是用来管理严重过错的;课堂常规则用来说明如何在课堂中正确地进行各项活动——特定的课堂活动每次都要按相同的既定步骤执行。

· 课堂规则实例:不可以打同学。(上课打架是严重的过错。)

· 课堂规则不能超过五条。

· 若学生没有遵守课堂规则,要有相应的处罚措施。

· 课堂常规应制订很详细的条款。

· 若学生没有按照正确的课堂常规行事,首先应向他重申该常规的意义,并让他在具体的指导下进行演练。

· 课堂常规包括如何按秩序用餐、如何举手示意发言、如何加入或退出讨论小组、如何交作业。

课堂规则与课堂常规虽然都是课堂管理的重要组成部分,但它们的侧重点和应用场景不同:课堂规则的制订要尽可能少,而课堂常规的制订可以很多、很具体,形成一个对学生在课堂上所做的每一件事都有明确程序的体系,这个体系包含课堂内外的方方面面并贯穿教学始终。这样会有助于班级几十个孩子形成一致的学习氛围,在日常课堂学习活动中呈现出有组织、有纪律、有配合、有保障、有倾听、有协商、有条理、有步骤的状态,让科学课堂更积极、更高效,达到良好的教学效果。所以对于科学课教师而言,一定要弄清楚课堂规则与课堂常规的区别,这也是高效课堂管理的关键所在。

（二）建立课堂常规体系的步骤

1.制订课堂常规

《义务教育科学课程标准（2022版）》指出,"每所学校必须建立科学实验室和仪器室",对教师进行教学及学生学习科学的主要场所作出明确要求。在科学实验室这个特定的学习环境里,系统、完整的课堂常规体系,能够最大限度地避免学生的很多课堂行为问题,帮助教师形成和保持良好的课堂秩序,创建出优质课堂。课堂常规体系通常有候课、课中和课后三方面，具体包括：

（1）候课

①带好科学课所用个人物品（文具、教科书、科学活动手册、按要求需要携带的其他材料）。

②听预备铃声依次有序进入科学实验室。

③安静地坐到指定座位，端正坐姿，面朝黑板，等待老师上课。

④等待期间，不得擅自动用实验桌上摆放的器材。

（2）课中

①语言互动：当老师说话时，目光要注视老师，认真听讲，及时作出回应；同学发言时，要安静、认真倾听，如果有不同意见，要等同学说完、经老师允许后发表自己的观点；自己发言时，要先举手，表达时要声音响亮，语句清晰完整；小组讨论时，要积极发言，轻声讨论，音量控制在组内听到即可，要注意倾听他人发言，待他人发言结束再做补充。

②探究实验：做好实验小组角色分配，组长、材料员、实验员、记录员各司其职，相互配合，高效完成实验；实验前未经允许，不得擅自动用实验器材；实验中，按实验步骤认真操作，细致观察，做好记录，不做与实验无关的事，不大声喧哗；实验结束后，整理实验器材，收拾好实验桌，组内整理实验证据时要轻声慢语。

③汇报交流：汇报者要有理有据汇报实验现象及实验结论，同组组员可适时做适当补充。

（3）课后

整理实验器材及课桌椅，并将其放回指定区域，及时清理损耗材料，检查桌面地面，拿好个人物品，和老师礼貌告别，有序离开科学实验室。

2.学习与强化课堂常规

在常规要求确定后，在学期初先不要急着进行课堂教学，把开学后的最初一到三周作为关键时间，花大力气讲解本学期科学课课堂常规的要求。只有知道规则，才会遵守规则，认识与学习是一个重要的过程，要尽可能多地提供给学生练习课堂常规的机会。尤其对低年级的学生来说，强化练习更为重要，习惯是慢慢才能形成的。但请注意，课堂常规的学习不是一节课就能完成的，它常常要贯穿一个学期的始终；还要按照年级和班级的特点，有针对性地、进阶性地进行课堂常规的学习。

常规要求一经提出,就要坚持不懈地反复强化。除了学期初明确提出要求以外,还要抓住每次教学的机会,予以重申和强调。开始时如果学生做不好,可以要求其重做。在每天学习即将结束时,教师和学生可以一起总结和评价当天学生遵守课堂常规要求的情况,看看还有哪些地方做得不够好,对其行为给予及时的反馈和强化,这样做会产生非常好的效果。

3.执行与调整课堂常规

要确保良好的课堂秩序,必须重视课堂常规的执行。执行和实施之前应先做好以下准备工作:

(1)设立值班生。如果科学教师兼任实验室管理员,可以在任课班级寻找责任心强且做事稳妥的学生做值班生。值班生的任务是上课前提前到达科学实验室,帮教师准备上课所需材料;值班生的数量按组数确定;值班生人选可做动态调整。

(2)控制实验小组人数。实验小组的人数以 2~4 人为宜,避免出现人均支配材料不足的现象。有的老师受传统实验室布局的影响,实验小组人数为 6 人左右,多的可达到 8 人,人多材料少,自然就会有一部分学生无事可做,也就给违反课堂纪律、破坏课堂秩序埋下了隐患,增加了课堂管理的难度。

(3)明确角色。实验组长、材料员、实验员、记录员,分工明确,既各司其职,又相互合作,井然有序。低年级可由教师指定角色,中高年级可自主分工、轮流担任。教师可以训练和培养小组长协助执行课堂常规,明确小组长的权力和责任,在班级中慢慢形成人人争当实验组长,组长引领组员遵守课堂常规的氛围。

在执行和实施课堂常规的过程中要注意:

(1)执行时要始终如一。课堂常规体系一旦确立,教师就要坚决而彻底地贯彻执行,不只是针对学生的问题行为,还包含对学生行为的正向反馈。当学生遵守规矩或其行为有所改善时,要给予他们积极的反馈和强化,使课堂气氛变得更加融洽;如果学生不守规矩或作出不恰当的行为,教师要立即指出并作出提醒和纠正,让学生清楚教师期望的是什么行为,不能接受的是什么行为。心理学研究表明,学生的行为一旦获得赞许、表扬等,就会增强其再发生的可能性,并逐渐巩固起来而成为牢固的良好习惯。如果规则制订之后未能彻底执行,便会形同虚设,无法达到预期目标。

(2)执行时要始终公平。教师在执行、实施课堂常规体系的过程中,应以积极、正向的态度对待学生的行为,既要照顾全体,又要顾及个体,针对学生的个别差异作出弹性处理。要使用同样的标准，不能忽高忽低，任意而为，避免给学生带来"老师不能一视同仁"的感觉，影响师生关系，也影响课堂管理效果。也就是说，规矩是给全体学生制订的，必须公平，但又必须考虑个体的差异性，灵活运用。教师要依据课程的培养目标、学校的总体要求、课堂活动及环境的变化，及时调整对学生的要求。

最后要明确的是，课堂常规体系并非一成不变，需要在执行和实施过程中不断对常规体系进行实证，根据课堂反馈的具体情况进行补充、修改、调整。正如卡罗尔·西蒙·温斯坦和安德鲁·J.米格纳诺所说，"对课堂秩序的需求不应超过对有意义的教学的需要。当今的教育改革有一个共同的结论，即学生是积极的学习者，参与到有意义的、复杂的学习任务中，完成要求解决问题、批判思考、同心协力的合作型小组工作。这意味着课堂要比过去更嘈杂、更积极，更像'活跃的蜂箱'，而不是'上好了油的机器'"。在课堂常规体系的调整中需要注意的是：要从最重要的一两项开始；应更有利于学生的学习；调整不能过于频繁；学生应该熟悉调整内容并明白怎样做；等等。这样才能维持良好的课堂秩序、促进学生学习。

二、创建良好的课堂教学环境

我国学者田慧生认为，整体的教学环境系统主要由两类环境组成，即物质环境和社会心理环境。课堂教学环境作为教学环境的下位概念，又被称为课堂学习环境或课堂环境，是存在于课堂教学过程中且影响课堂生活的各种物理的、社会的、心理的因素的总和，是课堂教学不可或缺的组成部分。有观点认为社会因素与心理因素在很大程度上相互融合，社会因素可不作为独立的部分，因此也可以把课堂教学环境分为课堂物质环境和课堂心理环境。课堂物质环境是课堂教学的物质条件；课堂心理环境是课堂教学的心理基础，两者互相渗透，构成一个有机整体，影响学生的学习效果和个性形成。

（一）课堂物质环境的建设

1.建设原则

小学科学实验室是学生上科学课的专用教室，是学生"动手做"的重要场所，是直接影响科学课课堂教学质量和学生身心发展的教学空间。科学实验室的物理环境、教学设施、空间大小及区域划分等是科学课课堂教学赖以生存的物质基础。与普通教室相比，它具有立体、生态、多元、动态等特点，承担着教师开展课堂教学,学生亲历实验探究和工程实践过程、掌握解决真实问题的能力、培养合作与交流能力、发展批判性思维、形成科学精神等多重功能。设计、布局小学科学实验室除了按照基本标准,还应遵循以下原则。

(1)科学性原则

科学性原则就是要求科学实验室物质环境的建设要以发展学生的核心素养为根本出发点,以有利于学生的健康成长与发展为前提,要符合小学生身心发展的特点和科学课程教学规律,要通过科学合理地划分区域,安置设施,展示作品,体现出科学课程涵盖的生命世界、物质世界、地球宇宙等方面的内容,全面渗透美育教育,使教学环境成为科学和艺术的统一体,对学生的科学学习真正产生积极影响。

(2)思想性原则

思想性原则就是要求科学实验室物质环境的设计、布置要考虑思想教育意义,要有利于启迪学生的思想,陶冶学生的性情,要充分体现环境因素的正面教育作用。例如,墙上悬挂的科学家画像及事迹要具有时代意义;标语要有启发性和激励性等,"让每一件物品都会说话",寓教于细微点滴之处。还可以与教学内容相结合进行动态化布置,如设置养蚕过程中的记录等资料,可以使科学实验室呈现生动及富于变化的课堂教学情境,吸引学生注意,激发学生学习兴趣。这样的布置不仅可以展现一个教室的专业性,也对学生起着潜移默化的教育作用。

(3)实用性原则

实用性原则就是要求科学实验室物质环境的建设应当根据学校的实际经济状况,从教学实际需要出发,用较少的人力、物力、财力、时间和空间创建出良好的教学环境。简单来说就是要"少花钱多办事",以最少的经费投入发挥最大的效果;要"物尽其用",工具、仪器、实验材料、电器插座、给排水系统等,每一件物品的设计、摆放都恰到好处,不去追求物质条件的丰裕和外部环境的华丽。因为创建良好的物质环境是为了更好地服务于教学,是为了有利于学生开展探究实践。经济适用、绿色环保、旧物利用,才是创建良好的科学实验室物质环境应有的理念。

(4)安全性原则

科学实验室特有的功能,使得它的教学环境不同于普通的教室,因此科学实验室的课堂物质环境建设要把教师和学生的安全放在首位,要避免火、毒、电、水等一切可能发生意外的因素,从室内采光照明到空间结构、功能区设计,以及物品放置等,各个环节都要十分注意,"安全无小事"。将危险"想在前",消除在"未发生"时,最大限度保障师生的生命安全。

2.建设方法

科学实验室的硬件设施、环境布置、桌椅的摆放,这些细节直接影响学生的学习状态和情绪,因此要改变只具有教学功能的单一模式,让科学实验室成为学生喜爱的、具有多重功能的学习场所。

(1)环境的布置

科学实验室环境的布置,可以从以下几方面着手进行:

①色彩

研究表明,颜色在促进人的智力活动方面发挥着重要作用,比如浅绿色和浅蓝色可使人心情平静,易于消除大脑疲劳,提高用脑效率。因此,科学实验室整体宜采用怡人的颜色作为主基调,再搭配其他颜色,使整个空间色调协调且不单调。使身在其中的学生产生一种愉悦的感受和积极的情绪,有利于形成安定的课堂秩序和较好的教学氛围。

②采光和照明

科学合理地设计科学实验室的光线,是课堂物质环境设计中的一项重要任务。实验室光线设计一般采取两种方式:一是自然采光,二是人工照明。研究结果证实,光线过强会给学生的大脑发育带来极大危害,影响学生的思维判断能力;光线过弱则不能引起学生大脑足够的兴奋度。有的实验操作对光线有要求,比如光、四季等方面的内容。因此,实验室应设置遮光窗帘,一是满足学生的学习环境对光线的要求,避免过强、过弱的光线影响学习效果;二是满足教学实际的需要。

③吊顶

本着赋予每一个空间更多价值的原则,要把科学实验室的天花板充分利用起来,让它发挥教学作用。如有的学校以"星座"为主题,将整个天花板采用吊顶造型、筒灯及灯带组合的形式,营造出科学实验室独有的专业氛围。

④文化气息

文化气息是一间科学实验室不可或缺的组成部分,它可以展现教室的专业性,对学生的价值观、必备品格起着潜移默化的影响。因此,在布置的内容上可选择钱学森、屠呦呦等科学家的画像、事迹、名言语录等,用他们"爱国、创新、求实、奉献、协同、育人"的中国科学家精神熏陶、影响学生的科学家潜质。

需要说明的是,布置内容应根据小学生的身心特点来决定,设计要体现其年龄特点。比如面向小学低年级的学生,选择的主题要与其年龄相符,多些图片,在文字上标注拼音等;而面向高年级的学生,文字性的、抽象的内容可以更多些。所以有条件的学校要多设置几间科学实验室,为不同学段的学生提供适宜的科学学习场所。

(2)功能区的划分

依据科学课程的性质,可以将科学实验室划分为四个区域:材料收纳区、探究活动区、成果展示区和消防安全区。这四个区域的划分遵循课程的整体要求,在空间上没有绝对界限,在功能上也不是完全割裂的。

①材料收纳区

这个区域主要是为学生的探究学习提供材料支持。材料主要包括三个类型:一是工具类材料,如在实验和研究的过程中使用的温度计、放大镜、简易显微镜、量杯、量筒、天平、剪刀、钳子、锯、螺丝刀、软尺等实验工具和地球仪、动物标本、种子标本等实物;二是每节课开展学习活动需要用到的科学实验仪器、装置;三是可供学生查阅的各种科学参考书籍、图片等纸质与电子版资料。

②探究活动区

这个区域主要是为课堂教学提供场地支持,是学生进行观察、实验操作、种植养殖、制作模型等探究活动的区域,也是四个区域里学生活动占比最多的区域。可以根据区域的大小和学校实际条件,将本区域功能进行分解,设置诸如生态观察角、植物栽培角、动物饲养角、自制标本角、岩石矿物角、星空观测角、模型陈列角、趣味实验角等多种区域角,丰富课堂教学资源,有利于学生开展主题探究学习。

③成果展示区

这个区域主要是为学生交流信息、展示成果提供平台支持区。通过分享荣誉奖励、陈列科技作品、展示自制标本、刊出板报、进行科普知识和问题交流等方式,优秀学生的个性能够得到充分展示,他们会从中获得满足感,对同伴也起到示范、榜样作用,吸引更多学生热爱科学,激发他们学科学的热情。

④消防安全区

这个区域是为意外提供紧急处理支持的地方。要在窗户最高位置安装换气扇,保持室内良好的空气流通;要结合前面的三个区域,巧妙安置灭火器、消防沙、储水箱等设施；另外还要备有急救箱，一旦发生意外能够及时采取处理措施。

（3）课桌椅的选择和摆放

除了和普通教室的课桌椅一样，要符合人体工程学原理外，科学实验室的课桌椅还应考虑到方便学生实验操作、互动讨论的需求。

①课桌椅的规格、样式要服从教学活动变化的需要。实验桌应该适合学生的身高，使学生在使用时保持自然、舒适的姿势，避免过高或过低造成不适；椅子的高度也应该适合学生的身高，保证学生坐在上面能保持坐姿正确、稳定。为满足移动和旋转的需要，也可以选择带轮子的椅子，但在课堂管理中要加强这方面的训练，比如听讲的时候不能来回转动椅子、实验中避免椅子失控倒下，以免影响正常课堂教学。

②课桌椅的摆放要服从以探究实践为主要方式开展教学活动的课程要求，一般采用小组式排列法，小组排列是分组教学的理想座次安排。课桌按矩形、六边形、多边形等组合形式分成若干组摆放。通过巧妙地安排座位，最大限度地促进学生之间的相互交往和影响，加强学生之间的相互信赖和合作，合作学习、团队精神均得到充分体现，实现最佳的课堂管理效果。在这种排列中，学生的学习环境相对自由，因此不同的学生参与学习的程度会不一致，需要教师加强提示管理。

（二）课堂心理环境的营造

心理学家罗杰斯曾指出，只有在"心理安全"和"心理自由"的环境下，一个人的创造力才能获得最大限度的表现和发展。这就告诉我们，营造良好的课堂心理环境，直接关系到学生学习的积极性，对实现教学目标、提高课堂教学质量具有十分重要的作用。小学科学课堂应该是一个充满活力和创意的地方，营造有利于学生课堂学习、促进师生共同发展的良好课堂心理环境，应从以下两个方面着手。

1.课堂气氛

课堂气氛也叫课堂心理气氛，是对每节课的课堂教学与管理效果影响最直接的、最明显的一种心理环境要素。正向的、和谐的、积极的课堂气氛有助于提高学生学习的有效性，反之则会降低学习效果。因此，营造良好的课堂气氛也是课堂管理的一项重要内容。依据课堂上大多数人表现出来的态度与情感的综合状态，我国学者黄希庭将课堂气氛划分为积极的、消极的和对抗的三种类型(如下表)。

类型 心理状态	积极的课堂气氛	消极的课堂气氛	对抗的课堂气氛
注意力状态	注意力稳定与集中,全神贯注	分心,做小动作,发呆,打瞌睡	1.学生常常故意注意与课堂无关的对象 2.教师为了维持纪律而被迫中断教学
情感状态	师生融洽,积极愉快,情绪饱满	无精打采,无动于衷,压抑不愉快的心情	1.学生有意捣乱,敌视教师,讨厌上课 2.教师不耐烦,发脾气
意志状态	能坚持,克服困难	叫苦连天,抱怨逃避,畏难	冲动
思维状态	思维活跃,师生互动频繁,学生理解和解答问题迅速、准确	思维出现惰性,反应迟钝	不愿意动脑筋,不愿意参与学习

对照表格中三种类型的课堂气氛,我们会了解到不同类型的课堂气氛中,师与生、生与生之间通过互动而产生的态度和情感的综合状态之间的关系;了解到积极的课堂气氛无疑是最有利于开展学习活动与课堂管理的。因此,为取得理想的教学和管理效果,可以根据具体的课堂表征制订相应的策略。

(1)做民主型教师

心理学家勒温、利皮特和怀特做过一个著名的实验,让成人分别扮成民主、专制、放任三种不同作风的领导者去指导 11 岁儿童进行活动,结果发现具有民主作风的领导者与儿童的合作最和谐,儿童的情绪高涨,对活动表现出极大的兴趣,实验表明了领导者的作风和态度对集体心理气氛具有制约作用。这在许多卓有成效的教师课堂教学中得到过印证:当教师作风民主时,学生不仅会喜欢参与学习活动,还会增强自律性和独立性,其思维会得到发展,呈现出积极向上、和谐互助的学习状态。

因此,要做一名民主型的科学课教师,一要平等对待学生,尊重学生的意见和想法;二要将课堂学习的一些要求、工作及活动步骤等让学生讨论后再确定;

三要在课堂上多采用肯定的语言提示学习行为,比如"没有做完实验的同学请抓紧时间,×组和×组都已经做完开始整理桌面了;做实验的时候要保持安静,不要影响其他人;别的同学讲话时要认真、仔细听"等,并对学生的表现给予及时表扬及客观批评。在充分尊重学生的前提下,用民主型的领导方式,营造出良好的课堂学习气氛。

(2)做情绪稳定型教师

作为课堂教学的组织者、指导者,教师本身的情绪及表达方式会感染学生,使课堂上出现某种情感状态,比如教师在课堂教学中表现出愤怒、不耐烦、急躁等情绪,就容易形成紧张、消极、沉闷的课堂气氛;如果教师的情绪饱满、状态热情,就会将这种情绪传递给学生,形成积极、良好的课堂气氛。因此在上课前调整好自己的情绪,在情绪稳定的状态下进入课堂,是一名教师应有的专业素养。此外,教师还要具有共情的能力。在课堂上,教师一定要善于观察,对学生的需要与情绪变化及时作出恰当的情绪反应。具有共情能力的教师会设身处地为学生着想,能以"假如我是学生"的角度去思考和行动,善于将自己置于学生的位置上去深入理解学生的内心,会很细致地发现学生在学习过程中的一些情绪变化,能从学生角度体会其感受,找出学生情绪变化的原因,及时调整教学策略,转化学生的负面情绪,让课堂气氛轻松、活跃起来。

(3)做幽默型教师

著名教育专家魏书生说过:"每堂课都要让学生有笑声。"的确,教师的幽默语言,是打破课堂沉闷局面、缓解学生紧张情绪、融洽师生情感的一剂良方,也是教师轻松掌控课堂管理的"秘籍"。在幽默中营造出轻松愉悦的课堂气氛,创设出适合探究的宽松心理氛围;在幽默中增长教学智慧,化解尴尬局面。拥有幽默风趣个性的教师通常具有课堂变革型领导力及良好的表达能力,善于运用先进教学手段和多媒体技术进行教学,教学内容形式丰富;通过设定目标、言语鼓励来激发学生的学习主动性,让学生体验成功。这样的教师不仅善于营造和谐的课堂氛围,还非常关注个体需要,创设出注重自我、注重培养学生高阶思维的高效课堂。

2.课堂人际关系

小学科学课课堂的人际关系是指师与生、生与生之间在日常的正式与非正式的交往过程中,形成的一种影响学生学习的更深层心理环境。师生间的人际关系是教育过程中最基本、最重要的人际关系,而生生间的人际关系是影响学生学业及课余生活的人际关系。这两种人际关系都是课堂心理环境的重要构成部分,是影响课堂气氛的重要因素。良好的师生关系、生生关系,对营造一个积极的、和谐的课堂心理环境至关重要。

(1)构建良好的师生关系

依据新课标"充分发挥科学课程育人功能,为全体学生提供公平的学习与发展机会,满足学生终身发展和适应社会发展的需要"的育人理念,教师在与学生的日常教学互动中,要遵循以人为本的原则,要像苏霍姆林斯基所说"教师最重要的是把我们的学生看成活生生的人"。简而言之就是要"眼里有人",关注每一个学生,注重对学生个体生命的理解、尊重和关爱。实现教师与学生之间"尊重和信任"的双向奔赴。

首先,教师要赢得学生的尊重和信任。心理学研究表明,信任能使人产生尊重感、亲密感、荣誉感和责任感,从而激发个人潜能。学生对教师的信任源自于教师自身的良好个人品质。诚实、公正、耐心和责任心,具备这些高尚道德品质的教师会让学生很容易放下紧张、戒备的心理,进入"最佳状态的心意交流"中。这无疑会使学生的思维活跃,增强学习效果。学生对教师的尊重则来源于教师的专业水准。一个具有专业形象和专业素养的教师会让学生产生喜欢、佩服等多种情感,在学生心中具有极高的威信。因此,教师应认真对待教学工作,不断提高自己的业务水平,装满"自己的一桶水";应不断学习和更新自己的知识体系,及时跟进最新的科学研究成果和教学理念,不断完善自己的知识结构,让"自己的一桶水"是"一桶清新甘甜的水";同时,要注重教学方法的创新和改进,以适应不同学生的需求和特点,提高教学效果。

其次,教师要尊重和信任学生。"教育的秘密在于尊重学生"。现代学生观认为,学生是完整的,是具有主体性、能动性和生命独特性的个体,这就要求教师必须摒弃传统的师生观,树立符合新课程理念的正确学生观。在教学活动中将学生当作认识的主体、发展的主体、学习的主体,注重与学生的沟通和互动,通过提问、讨论等方式激发学生的学习兴趣和思维活力,鼓励他们克服困难,积极上进。尊重学生的生命价值,尊重学生的个性特征及兴趣特长,相信学生的能力,用信任增强学生的自信心,放手让他们管理自己、教育自己,为自我成长提供空间。为此,教师在课堂上应充分发挥其"平等中首席"的作用,经常以肯定的话语,信任的目光,微笑、点头等身体语言传递出对学生的尊重和信任,创设出宽松、平等、和谐的新型师生关系,润物无声般影响学生的心智发展。

（2）建立良好的同学关系

在课堂上，同学关系的质量和互相支持的程度决定学生个人需要满足的程度，并由此影响到他们是否能有效地参与学习。因此，积极向上、和谐友好，还是矛盾紧张、摩擦冲突的同学间关系，会产生不一样的教学效果，这在以探究实践为主要学习方式的科学课上尤为重要。

良好的同学关系有助于营造积极的学习氛围。当学生们能够相互尊重、友好相处时，这种积极的互动可以激发学生的学习兴趣，使课堂气氛更加活跃，提高学生的学习动力。同时，良好的同学关系会让学生更愿意参与讨论和合作，有助于培养学生的合作精神和沟通能力，这些能力在学生的未来生活和工作中都是非常重要的。

同学关系的好坏直接影响学生的学习效果。在良好的同学关系中，学生之间可以互相学习、互相帮助；可以共享学习资源，交流学习心得，共同解决学习中的困难。这种合作与分享的学习方式有助于提高学生的学习效率和学习质量。相反，如果同学关系紧张或存在冲突，学生可能会感到不安和焦虑，无法专注于学习，从而导致学习效果下降。

同学关系还可能影响学生的心理健康。一个健康、积极的同学关系可以让学生感到被接纳和尊重，增强他们的自信心和自尊心；而一个充满冲突和矛盾的同学关系则可能让学生感到孤独、沮丧甚至产生厌学情绪。这些负面情绪不仅会影响学生的学习效果，还可能对他们的心理健康产生长期的不良影响。因此，教师应积极采取措施来培养和维护良好的同学关系，以促进学生的全面发展：

①协调好合作与竞争的关系

合作是指为了共同目的，个人或群体间相互配合的一种联合行动。合作有助于学生发展良好的个性，课堂学习中的相互合作能更好地促进学生之间形成良好的人际关系。竞争是指个人或群体充分实现自身的潜能，力争以优胜标准使自己的成绩超过对手的过程。竞争通常能激发个人的内驱力，提高成就动机和抱负水平，增强学习兴趣。适度的竞争，不但不会影响学生间的人际关系，甚至还会提高学习和工作效率。

作为课堂教学的组织者、教学活动的发起人，科学课教师要做到的是，通过在课堂上的站位，把自己放在课堂中的普通位置，和学生一起学习，实现师生之间和学生之间的合作。通过组织学生以小组合作形式开展探究实践活动，建立一种积极向上、相互支持、相互关心的同学关系。这样既可满足学生的课堂交往需要，又可建立良好的同学关系，从而促使学生的学业进步，取得良好的课堂教学效果。同时，还可以在课堂教学过程中适当开展一些组与组之间的学习竞赛。比如，用"×组已经把实验材料送回材料区了"的表扬方式激发学生"我们组也要赶快整理、送回材料"的竞争意识。

②加强对学生人际交往的指导

在日常教学中，我们会发现不同的儿童有着不同的同伴地位，有的很受同伴欢迎，有的会被同伴排斥，有的根本就是被大家忽视的。科学课教师要留心观察，加强对学生人际交往的指导。

第一，引导学生转换角度、转换身份，设身处地地为他人着想，体味他人的困难与心情，培养学生的"心理置换"意识。"心理置换"是把自己与对方进行"位置交换，设身处地地用对方的情感、思绪和观点来考虑和解决问题，探寻对方的行为动机，寻找对方与自己的共同语言"。尤其是在以小组为基本单位进行探究实践的科学课上，更应该引导强势学生与相对弱势的学生之间进行"心理置换"，形成小组同学共同进退的意识，促进小组同学的整体进步。

第二，通过组织小组活动、团队项目或合作实验，鼓励学生之间进行交流和合作，想方设法为学生提供与同伴一起合作的学习机会。即使是在不具备分组条件的物理环境下，通过前后座同学的围坐，实现在实践中学会协同合作的目标，培养其协同、合作精神。这样的活动不仅有助于培养团队协作精神，还能让学生们学会相互倾听、尊重和理解。同时，教师要给予学生的合作行为以指导和评价，通过强化合作情感体验，深化他们的协同合作品质。

第三，鼓励学生在课堂上分享自己的发现、经验和想法。当学生们愿意分享时，他们会更容易建立起对彼此的信任和尊重。因此，教师应努力营造一个平等、友好的交流环境，让每个学生都敢于表达自己的观点和疑问。例如：鼓励学生相互评价，在科学课课堂上，可以适当地安排学生相互评价他们的作品或表现。这样不仅可以让学生学会从别人的角度看待问题，还能增进他们之间的了解和信任。同时，教师可以适时地表扬那些乐于助人的同学，以树立榜样；避免在课堂上用传统的眼光将学生分成好、中、差三等，确保每个学生都受到尊重和平等对待。

第四，当学生在课堂上发生摩擦、引起冲突时，教师应及时介入，以公正、公平的态度进行处理。教师应该在遵循教育规律、了解学生心理特点的基础上，从积极的方面对学生加以疏化和引导,并对学生加强人际交往的指导,使这部分学生意识到自己的行为是错误的并加以改正。教师平时也要密切关注学生之间的关系动态,及时发现和解决潜在的问题,避免冲突的出现。

第五,利用课余时间组织一些与科学相关的拓展活动,如参观科学博物馆、进行户外观察等。这些活动不仅可以丰富学生的科学知识,还能促进学生的人格发展,增进他们之间的默契和友谊。

总之,建立良好的同学关系需要教师和学生共同努力,只有这样,才能营造一种促进学习、积极向上的课堂气氛,才能促进课堂活动的有效开展,才能促进学生的全面发展。

第三节　小学科学课中的小组合作学习管理办法

合作学习是一种现代教学模式,20 世纪 70 年代在美国兴起,并在 70 年代中期至 80 年代中期取得了实质性的进展。它被认为是一种富有创意和实效的教学理论与策略,因其在改善课堂社会心理气氛、提高学生学业成绩以及促进学生形成良好非认知品质方面具有显著效果而受到世界各国的重视。自我国启动 21 世纪国家基础教育课程改革之后,合作学习引起广泛关注。在很多小学科学课教师的课堂教学中,经常能够看到合作学习这一教学策略的设计与运用。但遗憾的是,多数课堂呈现的合作学习只是变"稻田插秧式"的座位安排为"椅子围放实验桌"式,本应是严肃、理性、互助、互学的探究合作学习,却成了表面看起来热热闹闹,实际上只是"形似"而非"神似"的、为"合作"而"合坐"的形式主义。可见教师们对合作学习的认识和理解还不够,由此导致科学课的小组合作学习的课堂管理存在很多误区。为此,我们有必要对小学科学课中的小组合作学习进行深入探讨,以便让合作学习在培养小学生的核心素养上发挥其应有的作用。

一、小学科学课中的小组合作学习概述

(一)合作学习的内涵

关于合作学习的概念,一些专家学者有着不同的看法。美国明尼苏达大学合作学习中心的学者认为:"合作学习就是在教学上运用小组,使学生共同活动以最大限度地促进他们自己以及他人的学习。"刘吉林、王坦在《合作学习的基

本理念》一文中则指出：合作学习是以教育目标为导向，以异质小组为基本组织形式，以教学各动态因素的互动合作为动力资料，以团体成绩为奖励依据的一种教学活动和策略体系。

这些说法不一的观点，可以帮助我们从以下几个方面认识、了解合作学习的内涵：

合作学习是一种互助性联合行动，指的是学生为了完成共同的任务，在具有明确责任分工的基础上，进行合作与互助性学习。通常由 2～6 名学生组成一个小组，每个小组成员都有各自的责任，需要共同努力并对小组的学习成果负责。

合作学习是一种目标导向活动，是为达成一定的教学目标而开展的学习，它鼓励学生主动参与，强调集体荣誉与个人责任的结合，并通过集体努力达成目标，以此来提高整体的学习成效。

合作学习是培养学生合作素养的学习。它强调学生之间的互动和交流，通过讨论、协商等方式促进学生对知识的深入理解和技能的提升。允许学生从不同的角度和背景出发，共同探讨问题，有助于培养他们的批判性思维和解决问题的能力。因为合作学习往往在真实或模拟的情境中进行，所以学习更加贴近实际，有助于学生将所学知识应用到解决实际问题中。这种学习方式不仅仅是为了完成学习任务，更重要的是培养了学生的合作能力，包括与不同背景的人有效合作的能力，这是未来社会所需的核心素养之一。

合作学习体现了教学理念的转变，强调了教学从"知识本位"向"素养本位"的转变。合作学习通过设置激励机制，鼓励小组达成学习目标，并根据小组整体的表现来给予奖励。它的评价不仅关注学业成绩，还包括团队合作过程、个人贡献、创新能力等多方面的表现。

合作学习不能忽视教师的作用。合作学习是由教师设计、分配学习任务并控制整个教学进程的活动。为确保合作学习的效果，教师需要在合作时机、合作时间、合作意识等方面进行精心的设计和引导，还需要密切关注小组学习的进展，避免活动流于形式。

总的来说，合作学习既是一种学习方式，又是一种教学策略，更是一种富有创意和实效的教学理论。它不仅有助于学生提高学习成绩，还促进了他们的社会化发展。随着社会分工的日益精细和任务复杂性的提高，合作学习在全球范围内得到了广泛应用，成为现代教育改革的重要组成部分。

（二）合作学习与小组学习的区别

合作学习和小组学习都是有效的教学策略。特别需要注意的是，合作学习与小组学习并不是完全相同的概念，两者的具体区别在于：

1.合作学习的成员通常由能力相近的学生组成，这样的匹配有助于确保每个成员都能在相对均等的水平上参与讨论和学习，从而促进有效的互助和交流。而小组学习则可能包括水平不同的学生，这种成员之间的差异会影响小组成员之间的互动方式和学习效果。

2.合作学习中存在着协作关系，成员需要相互依赖，共同完成任务。这种形式的学习不仅关注任务的完成，还强调通过小组互动来提升每个人的学习和合作技能。相比之下，小组学习可能更多地侧重集体完成特定的学习任务，而不一定强调成员间的相互教学和个人责任。这一点表明，两者在学习任务解决过程中的互动方式有所不同。

3.合作学习的目标通常是建构新知识、解决问题，强调小组成员之间的互相教学；而小组学习的目标则是完成共同的任务，成员之间有明确的责任分工。这意味着合作学习更侧重个体的学习和认知发展，而小组学习则更侧重集体的任务完成。

4.合作学习与小组学习的评价方式也有所不同。合作学习往往侧重团队的整体表现和个人在团队中的贡献，以集体的成绩为奖励依据，强调集体责任；小组学习可能更加注重最终的共同成果。

总之，合作学习通过小组合作的方式，促使学生在知识掌握、技能发展和社会化等方面有了进步和提高。而小组学习必须具备一定的条件才能被称为合作学习。在实际教学中，教师可以根据教学目标和学生的具体情况选择合适的学习方式，以促进学生的最大化发展。

（三）小学科学课中的小组合作学习

小学科学课是一门鼓励学生通过探究实践来学习的课程，这种学习方式能够激发学生的好奇心和探索欲，使他们在实践中学习和思考。基于前面对合作学习的深入探讨，结合当前的小学科学教育教学现状，本书中姑且把当下小学科学课中的合作学习称为"小组合作学习"。

对于小学科学课来说，小组合作学习是一种有效的学习方式，它能够改进传统的单向灌输式教学，使学习变得更具互动性且多元化，为学生提供更多的自主选择空间，让他们能够在教师的引导下自主地进行探究学习。它具有以下特点：

1.小组合作学习强调学生之间的相互协作，通过集体的智慧和力量来完成学习任务，这有助于培养学生的合作精神和团队意识。

2.在小组合作学习中，学生间需要交流想法和信息，这不仅能够提高他们的语言表达能力，还能够加深他们对科学概念的理解。

3.与传统的教学模式相比，小组合作学习能够营造一个更加开放和积极的课堂氛围，使学生在轻松愉快的环境中学习。每个学生都有机会展示自己的特长和兴趣，这有助于发展学生的个性和创造力。

4.在进行小组合作学习时，教师需要科学地划分小组，确保每个小组成员的能力水平相对均衡，以便更好地进行合作学习。

5.小组合作学习能够帮助学生培养良好的学习习惯，如计划、组织、执行和反思等，这些习惯对学生的终身学习都是非常重要的。

（四）小学科学课中小组合作学习的意义

"探究和实践是科学学习的主要方式，鼓励学生通过自主与合作方式开展探究和实践活动"，这是义务教育科学课程标准提出的明确要求。合作学习不仅能够提高学生的学习效率，还能够培养他们的多项社会技能，如团队合作、沟通协调、创新思维等，这些都是现代社会所需要的重要素质。因此，将合作学习应用于小学科学课程中，对学生的全面发展具有显著的意义。具体表现为：

1.有利于学习目标的有效达成。每个学生都有自己的优势和劣势，合作学习可以发挥各自的优势，互相借鉴，取得共同进步。通过组内成员之间的研讨、协作和交流，学生可以互补彼此的知识和技能盲点。合作学习鼓励学生共同探索、创新，在探究实践中，需要学生进行实验操作，共同探讨问题、解决问题，如一些学生的观点可以触发其他学习者的思考，这有助于培养学生的创新意识和创新能力，促进创造性思维的发展。在合作学习中，每个学生都需要对自己的学习和小组的任务负责，这有助于培养学生的责任感和自我管理能力，有助于培养学生的团队合作精神和协作能力。

2.有利于营造良好的课堂心理氛围。相比于传统的教师讲授模式，合作学习的互动性和探究性能够使课堂气氛更加活跃。通过合作学习的正向互动，学生在小组中能够感到自己被接纳和被重视，这有助于增强学生的归属感。当学生感到自己的努力得到认可时，他们的自尊心会得到满足。当学生的主体性得到发挥时，自然会产生求知和探究的欲望，最终进入爱学、乐学和会学的境界。

3.有利于形成良好的意志品质。在合作学习中,每个学生都需要承担一定的任务和责任,这有助于培养学生的责任感。合作学习要求学生在小组中团结协作,遵守规则和约定,这有助于增强学生的自我控制能力。合作学习需要学生在面对困难和挑战时,坚持不懈地努力解决问题,这有助于培养学生的毅力和坚韧性。通过合作学习,学生可以共同完成任务,取得一定的成果,这对于提高学生的自信心具有积极的影响,使他们更有信心面对未来的挑战。在合作学习中,学生需要适应不同的环境和人际关系,这有助于培养学生的适应性,使他们能够更好地适应未来的学习和工作环境。保持冷静和理智对于合作的顺利进行至关重要,通过合作学习学会管理自己的情绪,有助于提高学生的情绪管理能力。

二、小学科学课中的小组合作学习管理办法

为有效开展小学科学课中的小组合作学习,使之达到预期的效果,针对小学科学课中的小组合作学习,可以采取以下管理方法:

（一）科学分组

合作学习是以小组为单位进行的,教师应根据学生的实际情况,包括学习能力、兴趣爱好、性格特点等,进行科学合理的分组。此外,分组应具有一定的灵活性,可以根据具体的学习任务和目标进行调整,以最大化地发挥每个学生的潜力。

1.小组成员的人数

在一节课的科学探究活动中,从小组成员支配材料的角度来说,最为合适的小组成员人数为2~4人。超过4人的小组成员,一般难以统一意见,不容易达成共识,小组成员支配材料的时间有限,甚至有的弱势成员根本没有机会使用材料,使用学习资源不公平的直接结果就是会造成学习效果的不均衡。

2.小组合作学习的分组形式

在分组时,依据"组内异质,组间同质"的原则将全班学生分成若干个异质小组。异质小组通常由性别、学业成绩、能力、性格等方面不同的成员构成,这样确保每个小组内成员能够优势互补。全班所有小组之间又应具有同质性,确保各小组之间保持相当的竞争力。组内异质为小组内的互助合作奠定了基础,组间同质又为全班各小组间的公平竞争提供了保证。

在科学课的小组合作学习中,只有"异质小组"这一种建组方式难以应对千

差万别的班级。因此,在遵循"组内异质,组间同质"原则的基础上,构建以"异质小组"为主,同时考虑"同质小组、自由组合小组、随机组合小组"等形式互为补充的科学课小组类别结构。

同质小组,即"组内同质、组间异质"的合作学习小组。这种学习小组有利于强势学生得到更多、更广的思维碰撞,激发他们的创新意识。而弱势学生在同质组内不会被强势学生压制、轻视,亲历探究机会增多,便于教师深入这个同质组,帮助他们完成学习任务,充分保护了这部分学生的学习主动性、自尊心、自信心。

自由组合小组,即尊重学生的个性需求,在自愿的基础上把个性表现鲜明的学生分配到各组,其余的学生按自己的意愿自由组合,不由教师来做硬性安排。这样会使各小组成员由于相互之间存在信赖感而没有顾虑,沟通顺畅,合作氛围积极和谐。

随机组合小组。在课堂教学中,教师还可以依据动态生成,按学生的"兴趣点、关注点",让对某一问题有着浓厚兴趣的、观点一致的同学临时组成小组,充分发挥他们自主合作学习的能动性。

（二）明确任务及职责

根据小学科学课的特点,小学科学课的课堂教学主要以小组合作学习的形式进行。教师应为每个小组分配明确的学习任务,分配时既要考虑任务的难度和复杂性,又要确保每个学生都能参与其中,确保每个小组成员都清楚自己的职责。

合作学习小组通常设有小组长、记录员、材料员、实验员,职务由各个成员轮流担任。小组长负责组织小组成员开展合作学习,督促成员收拾、整理、清洗实验仪器,检查成员科学作业的完成情况并收齐交给老师等;记录员则负责记录实验产生的各种数据、观察到的现象以及得出的结论;材料员按照要求领取、送交实验材料到材料收纳区;实验员负责操作实验。在小组合作学习中,教师需鼓励组内成员相互友爱、坦诚相见、平等民主,鼓励学生在完成任务的过程中相互协作、共同探究。

此外,教师还可以组织中、高年级学生参加课外活动中的小组合作学习,给予小组成员在人员组合及任务分配上一定的自由权限。学生通过查阅资料、观察实验、讨论交流等方式,共同解决实验中遇到的问题,共同寻找问题的答案。这样不仅有助于提高学生的实验技能,还能培养学生的团队精神和合作能力,丰富学生的学习体验。

（三）指导、调控与反馈

在小组合作学习过程中，教师应深入小组，密切关注学生的学习情况，及时给予指导、调控，及时对学生的合作学习成果进行评价和反馈，有效避免合作学习流于形式。具体有以下措施：

对不同学段的学生来说，科学课的小组合作学习会出现不同的问题。这就需要教师按照"低年级领、中年级扶、高年级放"的原则，为不同学段学生提供不同程度的帮助和指导。

小学生的自控能力有限，教师要运用一定的方法组织、协调，保证操作活动的秩序，保证各小组的学习都能及时启动、正常进行。教师一方面要对学生交流活动中可能出现的情况进行有针对性的调控；另一方面要采取相应的方式、方法调控课堂纪律，切忌使用简单粗暴的不当方法，以保证全体学生有序开展合作探究学习。教师的课堂调控行为面对的是"全体学生"，这样的调控有利于学生形成"人人都是课堂活动参与者"的意识，对小组合作学习起到积极推动作用。

反馈是小组合作学习中不可或缺的一环。教师可以通过观察、记录和评估学生在小组合作学习中的表现，了解他们的学习情况。同时，教师还可以组织学生进行成果展示和分享，让学生相互学习、取长补短。在反馈过程中，教师需要给予学生正面的鼓励和评价，激发学生的积极性和自信心，让他们更加愿意参与小组合作学习。

（四）为探究营造氛围

为了激发学生参与合作学习的热情，教师应努力营造一个积极的、和谐的学习氛围。教师可以通过设计有趣的学习任务、设计特定的情景、组织丰富多彩的活动等方式吸引学生的注意力。强调"做中学、学中思、思中得"，要舍得给予学生充分的思考、谈论与探究时间。只有在自由轻松的氛围下，学生的思维才能任意发挥，才能使得他们的讨论不仅仅停留于表层而是深入问题或现象背后的实质。同时，教师还应关注学生的情感需求，及时给予鼓励和表扬，让学生在合作探究中感受到成功的喜悦。

（五）建立评价激励机制

教师在小组合作学习中扮演着引导者、观察者和评价者的角色，因此要关注学生的需求，为他们提供必要的支持和指导。建立评价激励机制就是通过奖励和认可来促进学生积极参与小组合作学习。可以结合观察、自我评价、同伴评价、教师评价等多种方式,全面了解学生在小组合作中的表现。在小组合作学习中,为学生提供具体目标和期望,例如团队协作、沟通技巧、问题解决能力和学术成就等,让学生有前进的方向。

将过程性评价与终结性评价相结合,关注学生在小组合作过程中的参与度、贡献度和进步,而不仅仅关注最终成果。在每次探究活动中都要根据学生的表现,提供适当的奖励,如表扬、证书、积分等,以激发学生的积极性和动力。针对不同学生的特点和需求,提供个性化的激励措施,如提高自主权、提供更多的学习资源等。

引导学生树立正确的价值观和学习目标,培养他们在小组合作中自我激励、自我调节的能力。通过设立小组间的竞争,激发学生的团队精神和合作意识,促进他们在小组合作中取得更好的成绩。每次课后都要利用一点时间,向学生反馈关于小组合作学习的情况,帮助他们了解自己的优点和不足,鼓励他们在此基础上进行改进。

综上所述,小学科学课堂的管理是一项系统工程,管理好课堂是有效开展教学活动、促进学生全面发展的基石,教师必须不断提高课堂教学管理技能,让自己的课堂成为培养学生核心素养的"阵地",成就学生、成就自己。

第四章 课堂教学篇

　　小学科学课堂教学是发展学生科学学科核心素养的主战场。小学科学学科的性质,决定了小学科学课堂教学有着不同于其他学科的特点,这也给许多科学课教师带来课堂教学的困惑和"盲区"。

　　有效的小学科学课堂教学不仅要求教师具备扎实的专业知识,还要求教师能够运用各种教学策略和方法,创设一个积极的学习环境,激发学生的兴趣和创造力,促进学生的全面发展。在师生互动的过程中,教师自身的专业素养也同时得到提升。

　　显而易见,小学科学课堂教学不是简单地"教学",要想上好一节科学课,需要全面了解包括课前准备、课堂实施在内的小学科学课堂教学体系和结构,了解各阶段目标任务及操作方法,科学地看待、处理"教与学"的关系。这样,科学课堂教学的提质增效才不会是一句空话。

第一节　小学科学课堂教学的课前准备

一、小学科学课堂教学课前准备的内涵、意义与构成要素

　　一节有效的小学科学课堂教学离不开充分的课前准备。深入理解小学科学课堂教学课前准备的内涵及意义,有利于我们认识由教师、学生、教学内容等多种因素构成的动态性、综合性的研究活动实质,从而解决如何有效进行课堂教学的根本问题。

　　（一）小学科学课堂教学课前准备的内涵与意义

　　1.小学科学课堂教学课前准备的内涵

　　古人云:"凡事预则立,不预则废。"对于课堂教学来说,这个"预"就是课前

准备,即我们常说的"备课"。在《现代汉语大词典》中,"准备"的释义是预先安排或筹划。相对于"终身储备,上好所有课"的广义备课来说,课前准备实际上是一种狭义备课,是教师在课堂教学之前的安排或筹划,是课堂教学的基础,是决定课堂教学效益高低的关键。据此,我们可以认为,小学科学课堂教学的课前准备是指实施小学科学课堂教学的一切准备活动,是教师依据"全人发展"需要,对即将进行的教学活动的设计和规划,是进行一个教学活动的起点。

2.小学科学课堂教学课前准备的意义

小学科学课堂教学课前准备的内容涉及教学活动的各个层面,对小学科学课堂教学具有重要意义。

第一,提高课堂教学质量。

课前对教学内容进行深入研究,有助于教师根据课程标准和学生实际情况,制订切实可行的教学目标;有助于教师明确每节课的教学目标和实施步骤,使教学更有针对性,促进目标导向的学习;有助于教师把握教学内容的逻辑性,合理安排教学内容,使其符合学生的认知规律,提高授课内容的准确性和专业性;有助于教师分解教学中的重点和难点,从而优化课堂教学结构,确保学生能够理解和掌握,使教学活动流畅有序;有助于教师创造一个积极的、鼓励探究的学习环境,通过师生之间的互动,如提问、讨论等,提高学生的参与度;还有助于教师顺应现代教育技术的发展,整合网络资源,拓宽学生的视野,获取更广泛的科学知识和信息。充分的课前准备可以帮助教师预设更加多元化的评价方式,能够全面评估学生的学习成果;预见并解决可能出现的问题,以便适时调整教学节奏,确保教学活动顺利进行。

总的来说,通过对科学课程标准的准确把握,对教材内容的深入理解,以及对学生的学习基础和兴趣的全面分析,教师可以明确教学目标,更好地设计教学活动,确保教学内容与方法适合学生的认知水平和发展需求,有效落实立德树人的根本任务。

第二,促进学生全面发展。

课前准备在以学生为中心的前提下,构建全新的课堂教学形式,全面培养学生的科学素养。在课堂准备环节,教师需要创新教学理念,在教学中融入创新的教学方式,如探究式学习、项目式学习、跨学科主题学习等;需要采用讨论、实验、角色扮演等多种教学方法,丰富课堂教学形式;需要灵活、充分利用校内外的教学资源,将科学知识与学生的日常生活联系起来,使学生感到学习内容的实用性和趣味性,为学生提供更广阔的学习空间。因此,教师通过设计有趣的实验和实践活动,准备充足的实验材料,一方面可以激发学生的学习兴趣,另一方面可以引导学生自主探究,培养他们的自主学习能力,鼓励学生探索未知,培养科学探究精神,鼓励学生发散思维,提出创新的想法和解决方案;通过创设真实的问题情境,引导学生提出问题、设计实验、收集数据和分析结果,在解决问题的过程中培养、训练学生解决问题的能力;通过根据学生的不同特点和学习风格进行教学设计,提供多样化学习路径,更好地满足学生的发展及个性化需求。

第三,提升教师科学素养。

课前准备是教师不断提升自己专业技能、培育自身科学素养的过程。在课前准备中,教师需要吃透课程标准和教材,树立教学全局观;需要不断加深对科学概念和原理的认识和理解,促进专业知识的深化,确保传授给学生的知识准确无误;还需要教师增强创新意识和动力,不断创新教学方法,更新现代教育技术手段,完善素养结构,践行"教学相长",从而担负起课程育人职责,使课堂教学更有深度和厚度。科学课中包含大量的实验操作,因此需要教师熟悉实验的操作方法和步骤,不断提升实验技能,确保实验的顺利进行。

(二)小学科学课堂教学课前准备的构成要素

我们要认识到,小学科学课堂教学课前准备的终极目标不是只写一个教案,而是要在教案中呈现为不同的学生设计不同数量、不同难度的研究项目,让他们在自主、合作、探究、实践中收获属于自己的研究成果。这就需要从以下要素"备"起,构建小学科学课特有的多维备课体系。

1.备课标。课程标准是教师进行教学活动的指路明灯,也是"教—学—评"一体化的依据。备课标不仅要阅读课标,还要解读课标,这意味着教师在备课过程中,要认真阅读课标,深入理解课标的精神和要求,将其转化为具体的教学目标和学生的学习目标,明确行为条件、行为目的和行为方式,即学生通过什么方式做什么、之后能干什么。因此,教师不仅要熟悉课标的内容,还要能够根据课标的要求,结合教材和学生的实际情况,设计出符合课标精神的教学方案。通过备课标,教师可以更好地把握核心素养总目标及学段目标的要求,准确把握教学的方向和重点,有利于教学活动的有效开展。心中有标才能手中有法。

2.备教材。教材是落实课程标准的重要载体,是教师进行课堂教学的重要依据,是最基本、最重要的课程资源。备教材是将知识内化、具体化与课堂物化的过程,在这个过程中,教师需要依据自身的实践与研究,深入钻研教材,读懂教材体系及基本结构,读懂教学方法的基本要求,以便更好地理解教科书的编写意图、组织架构、重点章节,从而能够深度关注学生的学习需求和特点,能够深度开发课程资源,能够据此确定合适的教法。可以说,备教材是教师再学习的过程。通过备教材,教师不仅可以提高自己的专业水平,还可以不断更新教学方法和策略,以适应不断变化的教学需求。备教材有助于教师深刻把握教材内容,确保课堂教学的流畅自然和生动有趣;有助于教师准确、全面地完成教学目标,挖掘自身教学潜力、提高教学水平。值得一提的是,我们对教材要持尊重的态度,要充分认识教材的基础性和工具性,要深刻理解课标中"教材内容要给教师留有空间,便于教师灵活处理教学内容,发挥创造性"的建议,要在教好教材的前提下再考虑用教材教。

3.备学生。备学生就是教师的眼中要有"人"。现代教育理论强调,教学不仅是教师向学生传递知识的过程,更是学生自主建构知识体系的过程。在以学生发展为本的教育观念下,学生是学习的主体,课堂教学应基于学生的学习需要,教学活动必须围绕学生展开,让每个学生都能获得应有的进步和发展。可以说,备学生是教育发展的需要,是以学定教的需要,是解决教与学矛盾的需要,是培养个性化人才的需要。因此在备课过程中,教师不仅要研究教学内容,还要考虑学生的生理和心理状况,学生的智力和非智力因素发展状况,学生的学习态度、学习习惯和接受能力,学生喜欢的听课方式,学生的社会关系、家庭关系及教育状况等实际情况。通过备学生,教师可以更好地了解学生的学习需求、兴趣爱好、认知水平等,能够在教学设计中更好地遵循学生的学习需求和发展特点,运用有助于提高学生学习兴趣和积极性的教学策略,包括教学活动、教学方法、教学资源等,帮助学生理解、消化所学内容,促进学生的全面发展。

4.备实验材料。实验材料是学生进行探究实践活动不可或缺的基础条件,具有不可替代性。"材料的种类和组合以及交给孩子们的次序就是材料的结构"。"有结构的材料"不仅能够激发学生的好奇心和学习兴趣,还可以使学生亲手操作实验材料,进行科学探究和实验验证,使他们能够直观地感受到科学现象的变化和规律,从而帮助学生理解科学概念、发展思维。在探究过程中,学生需要认真对待每一个细节,严格按照实验步骤进行操作,这样能够培养学生对科学研究的严谨态度。没有实验材料,就好比"无米之炊"。因此在以探究实践为主要学习方式的科学课堂教学中,实验材料的作用不容忽视。但"成也材料败也材料",要想让"有结构的材料"为有效的探究实践提供保障,备实验材料这项工作就尤为重要。

下表所列是一份科学课教学的基本实验材料清单,实际教学所需材料会根据具体的内容和学校的设施条件而有所不同。

基本实验材料	特殊实验材料	通用材料	特殊实验耗材	其他
·实验材料:试管、试管架、试管夹、烧杯、烧杯架、锥形瓶、量筒、蒸发皿、坩埚、石棉网、玻璃棒、研钵、研杵、镊子、剪刀、钳子、试管刷、漏斗 ·测量工具:游标卡尺、电子天平、秒表、温度计(包括液体膨胀温度计和红外温度计)、气压计、磁力计、电流表、电压表、电阻箱、电源	·物理实验:光学实验:三棱镜、凸透镜、凹透镜、光源、光屏、分光仪 力学实验:弹簧测力计、滑轮组、斜面、小车、轨道 热学实验:水浴锅、电热丝、温度计、热量计 电磁学实验:磁铁、线圈、电阻箱、电源、电流表、电压表 ·化学实验:酸碱指示剂:酚酞、溴麝香素 气体收集装置:集气瓶、导管、水槽 沉淀反应装置:锥形瓶、漏斗、滤纸 加热设备:酒精灯、电热板、沙浴	白板和马克笔 实验记录表格,用于记录实验数据和结果 教学软件和多媒体设备(如电脑、投影仪、音响系统) 实验桌和椅子 储物柜和药品柜 清洁工具(如扫帚、拖把、抹布、清洁剂)	化学反应试剂 生物样本(如种子、植物叶片、微生物培养基) 化学试剂(如酸、碱、盐溶液) 实验动物(如蚯蚓、蚂蚁、小型哺乳动物) 特殊材料(如陶瓷、金属样品、塑料样品)	标签和标记笔,用于标识实验材料和试剂 防护罩,用于保护实验台上的物品

基本实验材料	特殊实验材料	通用材料	特殊实验耗材	其他
·安全设备: 防护眼镜、实验室防护服、橡胶手套、急救箱(包括创可贴、纱布、消毒液等)、消防材料(如灭火器)	·生物实验: 显微镜及附件(载玻片、盖玻片、滴管、切片刀) 解剖工具(剪刀、镊子、解剖盘) 培养皿、培养瓶、培养箱 紫外线灯			

这份最基本的材料清单提示我们小学科学这门课程的专业性和复杂性,如果实验材料备不到位,课堂上就要出状况。因此教师在备实验材料时,应做到:

(1)检查实验材料

实验材料的完好是实验教学顺利进行的关键。课前教师需逐一检查实验材料,如酒精灯的酒精剂量、灯芯状态,玻璃器皿的破损情况等,并多准备一两套以防万一。

(2)试做实验

教师试做实验可以提高科学实验教学效果,确保教师能熟练指导学生进行实验与观察。无论是简单的还是复杂的实验,教师都应在课前试做,以了解实验效果,确保教学顺利进行。

(3)处理突发事件的准备

在实验过程中可能会遇到突发事件,不仅影响实验体验,还会影响教学效果,因此教师需要预先考虑解决方案。当然,避免突发事件的最好办法,就是提前检查好材料,试做好实验。

此外,教师还需确保实验材料的安全性,避免使用危险物品;需选择易于学生操作的实验材料,降低实验难度;需根据实验目标和内容选择合适的实验材料,让实验材料发挥最大作用。

5.备教师自己。一名合格的科学课教师不仅需要"上知天文,下知地理",还要是通晓理、化、生、地的"杂家"。我们可以从以下几个步骤来备教师自己。

一是提升自身素养。

教师要加强学科知识学习,不断更新自己的科学知识,跟上科学教育的发展步伐。通过阅读最新的科学教育文献、研究报告以及相关书籍,确保所教授的内容准确无误,同时拓展自己在科学领域的知识边界。教师要掌握科学教学方法,熟悉并灵活运用各种科学教学法,如探究式学习、项目式学习等,提高课堂互动程度和学生参与度。教师要了解不同年龄段学生的认知发展水平,选择合适的教学方法以激发学生的学习兴趣,培养学生的科学思维。教师还要不断提高科学思维能力,锻炼自己的逻辑思维、批判性思维以及问题解决能力。在科学教育中,不仅要传授学生知识,还要引导学生如何思考,如何通过科学方法去探索未知,这需要教师本身具备优秀的科学思维能力。

二是具备教学能力。

教师要根据课程标准和学生实际,制订清晰、具体的教学目标,目标应可量化、可实现,并对提升学生的科学素养和综合能力有积极的促进作用;要规划好每堂课的教学流程,包括导入、新知授课、活动探究、总结反馈等,流程设计应符合学生的认知规律,保证教学内容的逻辑性和连贯性;要提前准备好所需的实验材料和其他资源,确保所有材料都是可用的,并在实际使用前进行测试,避免课堂上出现技术问题。

三是自我调节与反思。

教师要保持积极、乐观的教学态度,对教学工作持有热情和耐心。面对教学中的挑战,保持平和的心态,积极寻找解决问题的方法。每次教学后,教师要认真反思自己的教学过程和效果,找出成功之处和需要改进的地方。教师通过写教学日志、与同事讨论或参加教研活动等方式,不断提升自己的教学实践。教师要注重个人的身体和心理健康,保持良好的生活习惯和工作节奏。一个健康的身体和清晰的头脑是高效教学的基础。

四是持续自我发展。

教师要积极参加教师培训和专业发展活动,如科学教育教学研讨会、工作室、工作坊等,与其他科学教师交流经验,学习先进的教学理念和方法。科研活动可以帮助教师深入理解科学教育的内在规律,更好地指导教学实践。因此要积极开展科研活动,参与或主持教育科研项目,通过研究来提升自己的教学理论水平和实践能力。在这个信息化时代,教师要熟练掌握现代信息技术,利用多媒体工具和网络资源丰富教学内容和手段。例如,学会使用教育软件、网络平台等进行教学设计和资源共享。

6.备教学方法。《义务教育科学课程标准(2022版)》中"倡导以探究和实践为主的多样化学习方式,让学生主动参与、动手动脑、积极体验,经历科学探究以及技术与工程实践的过程"的理念告诉我们,除了要以探究和实践为主要方式开展教学活动,加强对探究和实践活动的研究与指导外,还要整合启发式、探究式、互动式、体验式和项目式等多种教学方式。归根到底,科学课堂教学的核心思想就是要促进学生深度学习,激发他们的思维。通常一个教学主题会交织使用多种教学方法,这要求教师能够根据实际教学内容和学生情况有选择性地灵活运用,以实现最佳的教学效果。

总之,作为小学科学课堂教学起点的课前准备,直接影响着课堂的教学效果和学生的学习体验。我们可以在实际教学中,继续思考其他的构成要素,让这个多维的备课体系更丰富、更立体、更有效。"备"得全面、细致、深入,"教"才能触及学生心灵。

二、小学科学课堂教学课前准备的形式

核心素养时代对教师的专业发展需求超过了以往任何一个时期。毋庸置疑,课前准备作为教学活动的前提,对提高教学质量、实现教育目标具有至关重要的作用。小学科学课堂教学课前准备活动已经成为科学教师教学研究的一个重要内容,观念、角色的转变,理论、实践效力的提升,都需要通过课前准备这个核心环节夯实基础。为了"备"得全面、"备"得充分,使"备"的结果真正对教学具有实践指导意义,研究并改进课前准备已成为当前优化课堂教学的一个基础性任务。

(一)目前小学科学课堂教学课前准备的形式

因划分的角度不同,课前准备也被分为不同类型,比如有按人员分的个人备课和集体备课;有按工具分的电子备课和纸笔备课;有按范围分的单元备课和课时备课;等等。但各个类型的划分并不完全独立,而是相互融合。一般来说,常规科学课堂教学下的课前准备分为个人备课和集体备课两种形式。这两种不同却互补的备课形式在课前准备中扮演着不同的角色,共同作用于教学质量的提升。

1.个人备课

每一位教师都有自己的特质,由于自身的学历背景、知识结构、教学经验、

个性品质、人生阅历和教学风格的不同,面对相同的教学内容,个人的理解会有一定差异,且面对的学生也会有一定差别,因此,个人备课是一个创造性的劳动过程,是指教师依托自己的专业知识和教学经验,针对所任教班级学生的具体需求,独立进行教学准备的过程;是教师充分考虑学生的个体差异、学习风格和认知水平,"知己知彼",制订出最合适的教学方案的过程。

个人备课的优势主要体现在以下几个方面:

(1)个人备课具有很强的针对性。体现在教师能够根据学生的实际水平和学习进度来调整教学内容的难易程度,能够根据特定学生群体的需求和特点进行精确的教学设计,更好地满足学生的个性化需求。教师还可以依据学生的兴趣、性格特点和交流方式,选择实验材料,决定教学方式,增强学生的学习动力和课堂参与感。

(2)个人备课具有很高的灵活性。体现在教师能够根据实时的教学情况和学生反馈,灵活调整教学计划和方法;可以根据课程内容的特点和学生的反应,选择最合适的教学方式;可以根据课堂氛围和学生的参与度,灵活地调整活动安排;可以根据学生的学习进度和理解程度,适时地增加或减少某些教学内容,即如果发现学生在某个环节表现出色,教师可以及时增加相关的讨论或练习,以延伸学生的学习热情,反之,如果学生显得疲惫或注意力不集中,教师也可以适时地引入轻松的互动或休息,以调节课堂节奏。总之,个人备课赋予教师极大的自由度,允许教师根据课堂教学的实际进展以及学生的学习状态,及时调整教学策略。

(3)个人备课具有很大的自主性。体现在教师可以根据自己的想法和计划独立进行教学准备;可以根据自己的教学理念和学生的学习特点,自由地选择教学内容、设计教学策略以及实施教学方法;可以自主选择和使用各种教学资源,包括多媒体教学工具、网络资源以及各种教学软件等,以丰富教学手段,提高教学效果;可以通过思考自己的教学实践,识别存在的问题,并探索改进的方法。

然而,个人备课也存在一定的局限性,如教师受限于自己的知识和经验,难以全面把握教学内容,容易导致教师之间的教学水平和质量存在较大差异。需要教师投入大量的时间和精力进行个人备课,特别是面对复杂的教学内容和多层次的学生需求时,教师备课的工作量会大大增加。如果多位教师在同一时间进行相同或类似的个人备课,还会导致资源的浪费和重复劳动。

2.集体备课

集体备课通常涉及整个教研组的教师,是整个教研组的教师为实现相同的教学目标和完成共同的教学任务,共同参与教学准备和设计的过程,是教师校本教研的一种有效形式。集体备课的核心价值是让每一个参与者收获更多的思想和方法,助推自己的专业成长。集体备课的优势主要体现在以下几个方面:

(1)资源共享:集体备课有利于搭建教师之间交流和合作的平台,促进资源共享。教师通过共享教学资源、教学经验和教学方法,实现取长补短、优势互补,减少了个人备课的工作量,提高了备课效率。

(2)协同创新:通过集体讨论和交流,教师可以接触到不同的教学观点和方法,拓宽视野,丰富教学思路。集体备课有助于激发教师的创新思维,共同探索更有效的教学策略和方法。

(3)团队合作:集体备课强调团队合作精神,集体智慧的碰撞能够促进教师之间的合作和交流,能够使教师更好地把握教学方向和教学内容,保证教学的系统性和连贯性,有助于提高团队的凝聚力和协作效率。

就像个人备课存在局限性一样,集体备课也是如此,例如教研活动有可能被简化为教案设计,忽视了对教学的深入研究;教师可能会受到他人观点的影响,创新思维受限,难以保持自己的教学特色;同时,集体备课会导致教师过于依赖团队,影响其独立解决教学问题的能力。

3.个人备课与集体备课相结合

个人备课和集体备课都是有利于教师专业成长的研修形式,在实践中,我们要正确认识和处理好个人备课和集体备课之间的关系,让它们在提升教师专业素养上发挥最大的作用。

(1)个人备课是开展集体备课的前提条件

在参加集体备课前,作为个体的教师要先做好充分的交流准备,钻研教材、熟悉备课内容、设计教学方案等,做到有备而来,便于在团队互动中能引发思维共鸣;并将集体备课中与同伴的碰撞与形成的共识,用于修正完善自己的教学设计。"众人拾柴火焰高",将个人智慧汇聚到集体备课中,集体备课的质量和水平才能提高。

(2)集体备课是完善个人备课的保证

"独行快,众行远",除了自我准备,还不能忽视集体力量对提高个人教学素养的作用。集体备课会带来不同观点和教学方法的讨论,可以为个人备课提供新的视角和创新点。教师也可以就个人备课中发现的问题、所做的思考进行交流,获得同事对自己专业技能、教学设计的即时反馈和建议,进而在个人备课中作出相应的改进,实现理念、资源、技术、方案的再设计、再创造。集体备课有助于教师克服个人备课的片面性和随意性,为高效的个人备课奠定基础。

(3)个人备课与集体备课相结合

个人备课与集体备课不是简单的非此即彼的关系,它们各自拥有独特的功能和优势,同时又相互依赖、相互促进,共同构成了教师课前准备的完整体系。从集体备课中,教师可以获得教学的方向性和策略性的指导,而个人备课则更多地展现了教师个性化的教学设计和创新。具体表现为:

①互补性

集体备课为个人备课提供了丰富的教学资源和策略共享,个人备课则将这些共享的资源和策略个性化地应用于具体的教学场景中,实现资源共享与个性化应用的互补。集体备课中的交流和讨论为教师提供了宝贵的经验和启示,而个人备课则鼓励教师在这些经验的基础上进行独立创新,实现经验交流与独立创新的互补。

②协同性

集体备课确立了共同的教学目标和方向,为个人备课提供了明确的目标导向。个人备课则将这些目标具体化,根据任教班级学生的实际情况进行灵活调整,实现共同目标与个体实施的协同。集体备课通过讨论形成统一的教学策略,为个人备课提供了一致的指导原则。个人备课则在遵循这些原则的同时,根据特定教学需求进行策略的多样化调整,实现教学策略的统一与多样化的协同。

③方向性

集体备课中的反思和批评为个人备课提供了改进的方向和建议,为教师提供了团队的支持和激励,促进了教师的专业互动和成长。个人备课则通过实际教学的反馈,不断优化和调整教学设计,在不断地实践和反思中,提升个人的专业技能和知识,实现集体反思与个人改进、团队支持与个人成长的发展目的。

总之,只有将两者有效结合,才能充分提升教学质量,实现教育教学的发展。

(二)小学科学课堂教学课前准备的形式改进

集体备课作为一种有效的科学课堂教学课前准备方式,旨在通过教师之间的合作与交流,提高教学效率、提升教学质量。然而,在实际操作过程中,受各种因素的影响,我们常见到小学科学课的集体备课只是简单的"详备一节课、略备一单元"。由于科学课的特殊情况,一般很少有两个以上的教师担任同样的教学任务,这样的集体备课显然引不起教师的兴趣,难以唤起教研组其他教师的共鸣,教师参与度和期望值不高。还容易让教师"只见树木而不见森林",缺乏对教材内容和教学方法的大局观念,再加上缺乏多样化的互动,集体备课仅仅是走过场,无法真正达到预期的备课效果。低效的"集体备课"直接导致后面的低质"教—学—评"。

针对这一现状,需要对科学课的集体备课形式进行创新改进,"问题解决式"集体备课是一种注重解决实际问题和团队协作的备课方式,是真正适用于科学课的有效集体备课方法。

1."问题解决式"集体备课的定义与特点

"问题解决式"集体备课指的是教师团队在备课过程中,针对教学中可能遇到的问题或挑战,通过集体讨论、研究和协作等方式,共同寻找解决方案的过程。"问题解决式"集体备课不是着眼于某一课、某一单元,而是要有一个真正产生于教学实践的问题,由核心概念统领,从整体上把握各学段、各年级的学习内容,经过成员碰撞后形成具有可迁移价值的教学策略。它的特点是:

(1)目标性:明确针对教学中的实际问题。用一个问题把散落在教材中的知识点或探究技能训练点串联起来,这样就可以从整体的角度去把握学科内容,这也是科学教师应该有的一种站位。

(2)创新性:鼓励教师提出新颖、有效的解决方案。把大家发现的教学问题加以解决并把这种解决问题的方式迁移、应用到解决其他的教学问题上,生成具有可迁移价值的教学策略。

(3)协作性:强调教师团队之间的合作与交流。具体学习内容的整理与分析需要团队的分工合作,每一位成员都要贡献自己的智慧,真正体现了集体备课的"集体"二字。

"问题解决式"集体备课搭建了一个集体讨论和协作的平台,有助于解决教学中的实际问题,提升学生的学习体验;有助于教师们共同学习和分享先进的教学理念和经验,提高教师的教学水平和团队协作能力;有助于教师更好地应对教学中的挑战和问题,提高教学效果。

2."问题解决式"集体备课的实施步骤

以"实验教学中如何规范地进行实验操作"为例,了解"问题解决式"集体备课有哪些具体步骤。

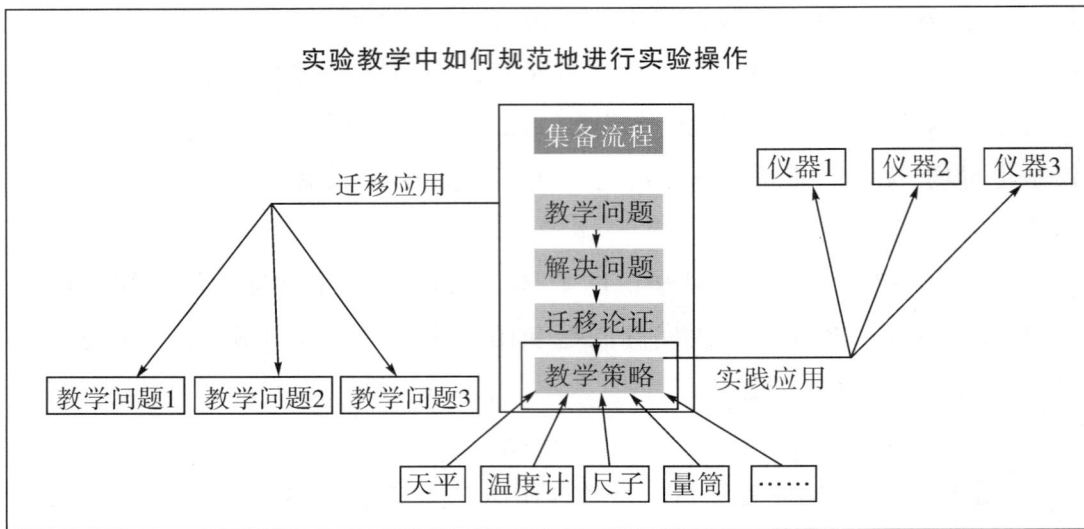

实验教学中如何规范地进行实验操作

（1）识别问题:教师团队需要共同识别和分析教学中可能遇到的问题,如教师在组织实验教学时,有一个困扰他们的问题——"实验教学中如何规范地进行实验操作",就把这个问题转化为集体备课的主题。

（2）分析问题:对识别出的问题进行深入分析,明确问题的性质、原因和影响。发现这个问题是一个亟待解决的共性问题,解决这个问题对提高实验教学质量具有重要意义。

（3）提出解决方案:教师团队通过集体讨论,提出多种可能的解决方案,并进行评估和比较。一致认为先分工,每人负责一种测量工具,学习这些测量工具的规范使用方法,然后通过分享,实现资源共享。

（4）选择最佳方案:根据评估结果,选择最适合当前教学环境的解决方案。从解决测量工具的使用方法开始查找资料,并将这种方法迁移到学习使用其他的实验器材上。

（5）实施与反思:将选定的解决方案付诸实践,并在实践过程中不断反思和调整,形成策略,进而迁移到其他教学问题的解决上。

在进行"问题解决式"集体备课时应注意,教师应保持开放的心态,积极参与讨论和协作;要注重问题的实际性和针对性,避免空泛和无效的讨论;要鼓励创新和尝试,勇于尝试新的教学方法和策略。在实施过程中,要关注教学效果和学生的学习反馈,及时调整和改进教学方案。

3."问题解决式"集体备课的实施策略

要确保"问题解决式"集体备课的有效实施,可以遵循以下几个策略:

(1)明确目标和范围。在集备开始前,需明确集备的目标和范围,包括确定要解决的问题类型(如教学方法、学生管理、资源分配等),以及集备的时间、地点和参与人员,以确保集备的焦点集中,避免偏离主题或浪费时间。

(2)收集和分析问题。在集备过程中,所有参与者需要先提出他们在教学过程中遇到的问题,再对收集到的问题进行分类、整理和分析,找出问题的共性和个性,以及问题的根源和影响。通过深入分析问题,确保集备的内容具有针对性和实用性。

(3)集体讨论和协作。教师之间需要进行开放、积极的讨论,共同探索解决问题的可能方法。鼓励教师分享自己的经验和教训,借鉴他人的成功做法,共同学习成长。强调团队协作的重要性,鼓励教师之间互相支持、互相帮助,共同解决问题。

(4)制订解决方案和行动计划。在集体讨论的基础上,制订具体、可行的解决方案。确保每个方案都有明确的目标、步骤和责任人。制订行动计划,明确每个方案的具体实施时间、地点和方式。确保计划具有可操作性和可衡量性。在制订解决方案和行动计划时,要充分考虑实际情况和资源限制,确保方案的可行性和有效性。

(5)持续跟踪和反馈。在方案实施过程中,进行持续跟踪和评估。关注方案的效果和影响,及时发现问题并进行调整。鼓励教师之间的交流和反馈,分享实施过程中的经验和教训。通过互相学习和借鉴,不断优化和改进解决方案。定期对集备的效果进行评估和总结,发现问题和不足,为下一次集备提供改进方向。

(6)营造积极氛围和文化。营造积极、开放、包容的集备氛围,鼓励教师大胆提出自己的看法和想法。建立尊重、信任、合作的文化,让教师感受到彼此之间的支持和帮助。鼓励创新和尝试,勇于接受新的教学理念和方法。通过不断创新和尝试,推动教育教学工作的持续发展。

通过以上策略,可以确保"问题解决式"集体备课的有效实施。同时,也可以提高教师的教育教学水平和团队协作能力,为学生的学习和发展提供更好的支持和保障。

三、小学科学课堂教学课前准备的实施规划

为实现教与学的最优化,小学科学课堂教学实施之前必须要进行教学设计。教学设计是课前准备的最后一环,是根据课程标准的要求和教学对象的特点,将课前准备诸要素进行有序安排,设想、计划、确定合适的教学方案。

(一)小学科学教学设计的含义

1.教学设计的含义

有效的教学设计是课堂教学成功的关键,是教学活动得以顺利进行的保证。"教学设计"这个概念的内涵十分丰富,我们可以从以下学者的界定中,理解教学设计的含义:

"所谓教学设计,就是为了达到一定的教学目的,对教什么(课程、内容等)和怎么教(组织、方法、传媒的使用等)进行设计。"

"教学系统设计是运用系统方法分析教学问题和确定教学目标,建立解决教学问题的策略方案、试行解决方案、评价试行结果和对方案进行修改的过程。"

"教学设计主要运用系统方法,将学习理论与教学理论的原理转换成对教学目标、教学内容、教学方法和教学策略、教学评价等环节进行具体计划、创设教与学的系统'过程'或'程序',而创设教与学系统的根本目的是促进学习者的学习。"

"教学设计是以传播理论和学习理论为基础,应用系统理论的观点和方法,研究教学系统、教学过程和制订教学实施的计划,以使教学效果达到最优化。"

综合以上观点,对教学设计的一般定义可做如下描述:以教学论、学习论、教育传播学等理论为依据,在分析学习者学习需要、明确目标和任务体系的前提下,采用系统方法,制订解决方案,运用教学策略试行解决方案并开展评价活动,在评价基础上改进方案的过程。

教学设计有别于课程设计。

课程设计更多着眼于教育理念的实现和长期教育目标的达成,是面向整个教育阶段或学科,构建出一套系统的课程体系,促进学生在整体教育阶段的全面发展。课程设计涉及课程标准的设定、教材的编写与选择等,是有目的、有计划、有组织的系统活动,通常由教育行政人员、课程专家等进行操作,往往以文件或大纲的形式呈现。使用者的范围比较广泛,既包括教师,也包括学校管理

者等。

而教学设计主要针对特定的教学单元或一节课,教师运用系统方法,对学生的学习特点进行分析,制订适合的教学流程,包括确定教学目标、分析学习者背景、选择教学策略和方法、规划教学资源和环境,以及预设评价标准等。它是教学活动的蓝图,是一个全面考虑教学各要素并优化教学效果的过程,需要深入分析学习者特点、教学内容和教学环境,确保教学方案的科学性和合理性,要求教师具备较强的理论水平和系统思维能力。教学设计不仅供教师个人使用,还可供其他教育工作者参考,以理解和评估教学活动的合理性和有效性。

教学设计也不同于教案。

教案是教学设计的具体化表现,更侧重于具体的课堂教学实施。它是教师在教学设计的基础上,结合具体教学单元或课题,详细阐述教学步骤、教学过程和教学方法的文本,是教师实施教学的具体依据。相对于教学设计,教案更关注具体化、细节化的课堂层面,更关注短期内教学目标的实现和课堂管理。教案要求教师能够具体细化每个教学步骤,确保课堂教学的流畅和有效。教案作为上课时的详细指导文本,主要供教师个人使用,通常不用于广泛分享或公开讨论。

两者的主要区别在于抽象程度和具体应用范围。教学设计更为宏观和抽象,它关注的是整个教学过程的规划和优化;而教案则相对具体和详细,它关注的是如何将教学设计转化为具体的教学行为。在实际教学中,教学设计为教案提供框架和指导,教案则是教学设计的具体执行和体现。

2.小学科学教学设计的含义

据此,我们可以这样定义小学科学教学设计:小学科学教学设计是小学科学教师以现代教育理论和小学科学教育原理等为依据,系统规划小学科学教学活动,在单位时间内更高效地完成教学任务,使学生更有效地学习科学知识的过程。

这一定义不仅揭示了小学科学教学设计的基本内涵,也强调了其系统性和目的性的特征。教学设计不仅仅是一种理论构想,它还需要落实到具体的教学实践中去。教学设计的最终目的是提高教学效率和质量,这就要求教师在进行教学设计时,不仅要考虑教学的目标和内容,还要结合学生的实际情况、教学资源以及社会环境等因素,制订出既科学又切实可行的教学方案。

（二）小学科学教学设计的要求

小学科学教学设计是一项系统而复杂的工作,涉及多个方面的考量和策略

的运用。为确保教学活动能够系统性地开展,在构建小学科学教学设计时,应体现以下基本特征:

1.以学生为中心的理念:教学内容应按照核心概念的进阶逻辑顺序进行安排,以适应学生逐渐复杂化的认知结构,确保学生能够系统地掌握科学知识。教学活动应紧密围绕学生的认知发展阶段和兴趣点展开,确保教学内容既能激发学生的好奇心,又能有效促进其科学思维能力的培养。教师在设计中应有充分的预设,才能在教学中具备敏锐的教学洞察力,能够根据学生的学习反馈及时调整教学策略和内容,以实现最佳教学效果。

2.思维与探究实践的深度融合:在传授科学知识的同时,应将探究实践作为核心教学策略,通过引导学生亲自参与观察、实验、数据分析等环节,培养学生的实验操作技能、观察分析能力等关键技能,培养学生独立思考和问题解决的能力,使其能够在实践中运用科学原理。还应突破单一学科界限,寻求科学与数学、技术、工程等相关领域的有机联系,以培养学生的综合科学素养。随着科学技术的快速发展,教师应定期更新教学内容,引入最新的科学发现和技术进展,保持教学内容的时代前沿性,激发学生的创新潜能。

3.多元化评价体系的建立:构建包括形成性评价和终结性评价在内的综合评价机制,全面衡量学生的科学知识掌握程度、探究能力及科学态度。建立常态化的教学反思和评估体系,根据学生的学习成效和教学实践的反馈,不断修正和完善教学设计,以实现教学质量的持续提升。

4.安全意识的强化贯穿:在设计和执行科学实验教学活动时,应将学生的人身安全放在首位,提供必要的安全教育和防护措施,确保教学环境的安全。

(三)小学科学教学设计的基本过程及方法

小学科学教学设计是一项系统工作,通常分为分析阶段、选择策略与活动设计阶段和结果评价阶段(如下图所示),具体包括教学目标的制订、教学内容的组织、教学方法的运用、教学媒体的选择等多个环节。这些环节相互关联,共同构成了一个完整的教学过程。

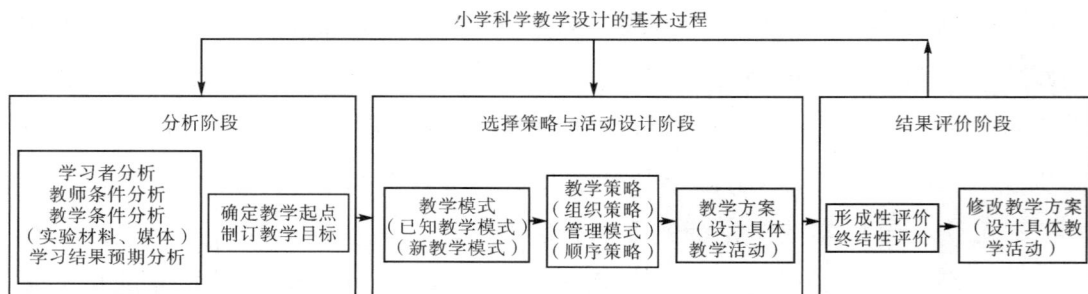

小学科学教学设计的基本过程

1.教学目标的制订

科学合理地制订教学目标是教学设计的首要任务。正确认识教学目标的内涵,才能制订出明确而具体的教学目标,才能发挥其决定和制约教与学方式的重要作用。

(1)教学目标的内涵

教学目标是指通过教学活动期望达到的学习结果或标准,它指导着教学过程的设计、实施和评价。通常情况下根据不同的学段和学科而有所差异,但大体上涵盖以下内容:

①知识理解:学生能够掌握并理解相关的概念、事实、原理、理论等知识内容。

②技能发展:学生能够获得并运用某些技能,如计算能力、写作能力、实验操作能力、语言交流能力等。

③思维能力:培养学生的批判性思维、创造性思维、解决问题的能力、决策能力和逻辑思维等。

④态度与价值观:帮助学生形成积极的学习态度、合作精神、责任感、公民意识以及对文化多样性的尊重等。

⑤学习策略:教会学生如何学习,包括记忆技巧、信息检索能力、时间管理和自我监控等。

⑥个人及社会能力:促进学生的个人发展,如自信心、自我认知、情绪管理以及社会交往能力等。

⑦应用与实践:鼓励学生将所学知识应用于实际情境中,进行实践操作和实地体验。

⑧综合素养:整合不同学科的知识与技能,发展学生的综合素质和跨学科能力。

(2)小学科学教学目标的内涵

小学科学教学目标指的是在小学阶段,通过系统的科学教育活动,期望学生在知识掌握、技能发展、思维培养和情感态度等方面达到的学习成果,是评价学生的学习结果有没有达到预期的依据。这些目标不仅包括对科学概念的理解和掌握,还涵盖了科学探究的方法、科学态度的养成,以及将科学知识应用于日常生活中的能力。

（3）小学科学教学目标的制订

在制订小学科学教学目标时，应注意把握以下几点：

①明确核心素养导向：小学科学教学目标的制订强调以学生的全面发展为核心，通过具体、明确的教学目标引导教学实践，促进学生核心素养的达成。这意味着教师需要了解科学学科的核心素养，包括科学观念、科学思维、探究实践、态度责任四个方面。

②符合认知发展水平：小学科学教学目标的制订应与学生的实际水平相匹配，确保学生能够达到目标要求。这要求教师对学生已有的知识基础和能力基础有充分的了解，不能从主观意志出发。

③防止目标割裂：小学科学教学目标应该是一个综合性的体现，涵盖知识、技能、思维、情感等多方面的内容。制订教学目标时应避免将知识技能目标与其他，如过程性目标、体验式目标割裂开来，导致教学目标片面化。教学目标的设计应具有整体性，不仅要关注每一节课的教学目标，更要关注课程、单元的教学目标，并根据阶段的特点合理制订。

④确保目标可测和可评：小学科学教学目标的书写应按照"行为主体、行为动词、行为条件、目标达成程度"四个要素进行落实，使目标具有可操作性和可检测性。行为主体是指学生，因此可省略不写；行为动词和行为条件指学生的学习行为和教师的教学行为；目标达成程度也可称为行为结果、表现程度。应该采取"经历（过程）——习得（结果）——形成（表现）"的句法结构，便于后续评价任务的设计。

2.教学内容的组织

教学目标决定教学内容。系统、有序而又生动地组织教学内容，是一个好的教学设计能够落地的重要前提。

（1）小学科学教学内容的内涵

教学是有目的、有计划的活动，教学内容是教学活动的核心，它是教师和学生共同参与、互动的媒介，是教学过程中有意传递的主要信息，包括课程标准、教材内容以及教师根据具体教学目标和情境设计的教学活动。

课程性质决定了小学科学教学内容的内涵十分丰富。《义务教育科学课程标准（2022年版）》设置13个学科核心概念，涵盖物质科学、生命科学、地球与宇宙科学、技术与工程等多个领域，这些领域下又细分为多个具体的学习内容。通过对这13个学科核心概念的学习，理解物质与能量、结构与功能、系统与模

型、稳定与变化 4 个跨学科概念,并将核心素养的培养有机融入学科核心概念的学习过程中。概括起来,主要有以下几个方面:

首先是知识体系,包括科学、技术与工程领域的一些具体观念,以及对科学本质的认识,应用科学观念解释自然现象、解决实际问题,形成一个相对完整的知识体系。

其次是思维训练,包括模型建构、推理论证、创新思维等要素的学习和理解,掌握基本思维方法,具备初步的思维能力。

再次是技能培养,包括科学探究、技术与工程实践。科学探究主要包括提出问题、作出假设、制订计划、搜集证据、处理信息、得出结论、表达交流和反思评价等要素;技术与工程实践主要包括明确问题、设计方案、实施计划、检验作品、改进完善、发布成果等要素。通过教学活动,帮助学生掌握基本的科学方法,具有初步的探究实践能力。

最后是社会主义核心价值观教育,包括科学态度和社会责任两个方面。科学态度主要包括探究兴趣、实事求是、追求创新、合作分享四个方面;社会责任主要包括健康生活、人地协调、价值判断、道德规范、家国情怀等方面,体现社会主义核心价值观。

(2)小学科学教学内容的组织原则

为科学合理地组织教学内容,应注意遵循以下原则:

①用好教材原则。这是组织教学内容的最基本原则。教师要根据课程标准认真钻研教材,把握小学科学教材的总体思路,这样在组织教学内容时就会从科学学科特点出发,体现"按目标、抓主线、落重点、破难点"的设计思路,在课堂教学的有限时间内,帮助全体学生掌握最基本的知识与方法。

②动态开放原则。科学教学内容不仅仅是书本知识的简单传授,还包括教师和学生在教学互动过程中动态生成的信息的传授。教材内容作为静态的知识载体,是教学内容的一个重要组成部分,但教师和学生随着在课堂上的讨论、实验等活动获得的新体验、产生的新问题也是教学内容的一部分。学生的反馈和学习效果,是及时调整教学计划和内容的重要依据,能够确保教学内容符合学生的学习需求,有助于提高教学效果,使教学更具个性化。

③调整重构原则。教师在课堂教学中并不是教材内容的简单执行与传递者,可以根据实际需要对教材内容进行调整。当然,这种调整不是随意的,需要教师深刻理解课标要求,在用好教材的前提下,结合学情、校情,依据教学目标

对教材内容进行增减与调整。此外,教师还需要对教材中的事实、概念和原理等构成教学内容的基础元素,经过加工处理后转变为符合学生认知水平、有利于学生发展的教学内容。这种加工处理不仅需要依赖教材本身,还需要考虑学生的实际情况以及教学目标要求,这样才能使教学内容更加生动,更加人性化。

④跨学科原则。跨学科主题学习是确保教学内容全面性和实用性的关键。现代社会对"人"的培养强调综合性,教学内容不仅要涵盖学科的核心概念,还应包括跨学科概念的学习和应用。例如 STEM 教育中,科学、技术、工程和数学的知识被整合在一起,通过项目式学习来丰富学生的学习体验,获得解决真实问题的能力。

3.教学方法的选择

巴班斯基告诉我们:"是教学目的和内容选择方法,而不是其相反。"教学内容是选择教学方法的基础,教学方法则是实现教学内容的重要手段。丰富多样的教学内容需要与灵活有效的教学方法相匹配,才能确保教学效果的最优化。

(1)小学科学教学方法的内涵及特性

教学方法是教师和学生为了实现教学目标、完成教学任务,在教学过程中所运用的方式与手段的总称。它包括教师教的方法和学生学的方法,是教授方法与学习方法的统一。讲授法、谈话法、讨论法、练习法、实验法、演示法、参观法等是比较普遍的基本教学方法。

小学科学教学方法是在小学科学课程的学习过程中,依据小学生的认知规律、年龄特点等,结合学校教学的实际情况,教师与学生为了完成小学科学课程的教学任务,实现小学科学课程的教学目标,在教学过程中采取的手段与方式。在基本教学方法的基础上,小学科学教学方法还具有以下独有特性:

①参与性:强调教师与学生在双向沟通、交流中共同参与教学过程。

②过程性:引导学生亲身经历科学探究的过程,体验科学精神、了解科学研究的价值与成果。

③活动性:关注日常生活中的科学现象,让学生在探究实践活动中感受日常生活的真实情境。

④开放性:允许学生根据自己原有的认知经验来同化、顺应现有的新知识,从不同的角度重新调整自己的认知结构。

(2)小学科学教学方法的选择

在科学课堂教学过程中,不同的教学方法适用于不同的场景,具有不同的

针对性,全面而有效地完成一个综合性的任务需要多种教学方法的共同作用。因此在选择小学科学教学方法时,应遵循以下原则:

①科学性原则。教学方法的确定必须以思维培养为核心,要符合科学教育的规律,符合学生的认知规律。如为学生创设学习情境,在探究过程中为学生搭建"脚手架"的思维型教学方法。

②主体性原则。教学方法的确定必须有利于充分发挥学生的主体作用,有利于学生生动、活泼、主动地学习。如通过启发学生思考和发现,引导学生主动参与学习的启发性教学方法。

③活动性原则。教学方法的确定必须有利于指导学生进行科学探究,有利于学生开展各种探究活动。如通过实验操作和实践活动来促进学生理解和学习的实践性教学方法。

④过程性原则。教学方法的确定必须有利于学生亲身经历探究过程,在探究过程中获得过程的体验。如通过引导学生自主探究和发现的方式,培养学生创新思维和解决问题能力的探究性教学方法。

⑤创新性原则。教学方法的确定应当在吸收传统教学方法的基础上,立足创新,重视创造出一些与传统教学方式不同的教学方法。为此,教师要加强自我学习,不断提升教学修养,以保持教学方法的时代性和有效性。

同时,我们还应该认识到,有效地选择教学方法能够提高小学科学课堂教学质量,为此在实际教学中应注意:

首先,要明确每节课的教学目标,以及学生的学习需求和兴趣点,这会有助于选择最适合的教学方法来达到预期的教学效果。例如,如果目标是培养学生的实验技能,那么实验教学法会非常有用;如果目标是培养学生的合作能力,那么合作学习法或项目学习法可能更合适。

其次,要注重激发学生的学习动机,设计一些互动和参与式活动,如小组讨论、角色扮演、案例分析等,鼓励学生积极参与学习过程;利用多媒体教学法和技术工具,如 PPT、视频、交互白板、智慧教育平台等,丰富教学内容和形式,激发学生的学习兴趣,提升教学效果。

再次,要将形成性评价与终结性评价相结合,通过定期收集学生的学习反馈情况,及时调整教学策略,选取符合学生年龄特征、学习起点以及学习风格的教学方法,确保教学目标的实现。

总之,"教学有法,但无定法,贵在得法。"正如著名教育家叶圣陶所说"教亦多术矣，运用在乎人"，从一切为了学生发展的角度出发，以促进学生全面发展为根本。如此之法，才是科学课堂教学方法的最佳选择。

4.教学媒体的使用

运用教学媒体是现代教学的重要标志之一。随着现代教育技术的广泛应用，教学媒体作为一种常态要素，极大地丰富了教学手段，提升了教学效果，成为课堂教学中不可或缺的部分。

(1)小学科学教学媒体的内涵及种类

媒体通常是指用于传播信息、新闻、娱乐、教育等内容的平台或工具。当某一媒体被用于教学时，作为承载教育信息的介质或工具，就被称为教学媒体。我们可以从以下几个方面进一步理解其内涵。

它是信息传递的工具。教学媒体是教学信息从发送者（教师或教材编写者）传输到接收者（学生）的手段和工具。它可以是语音、文字、图像等形式，通过不同的媒介如书本、幻灯片、视频等传递给学生。

它是教学过程的组成部分。教学媒体是整个教学过程中不可或缺的一部分，它不仅仅是信息的承载物，还影响着教学和学习的方式，比如多媒体的使用可以创造互动性强的学习环境。

它是知识内容的表现形式。教学媒体决定了教学内容如何被呈现给学习者。例如，同一教学内容可以通过文字、图表、动画或实验演示等不同媒介来表现，每种表现形式都可能影响学生的学习效果。

它是促进认知发展的手段。不同的教学媒体能够激发学生的不同感官，如视觉、听觉等，从而促进学生的认知发展。有效的教学媒体应用可以加深学生对知识的理解和记忆。

它是教学策略的实现工具。教师根据教学目标和学生的特点选择适当的教学媒体，以实现特定的教学策略。例如，使用视频可以展示难以在课堂上直接观察到的现象，而计算机模拟实验则可以帮助学生探索复杂的概念。

它是教育技术的应用实例。随着教育技术的发展，教学媒体的种类和功能也在不断扩展。从传统的黑板、教科书到现代的电子白板、在线课程，教学媒体的发展反映了教育技术的变迁。

它是学习资源的整合平台。在数字化时代，教学媒体可以整合来自互联网的各种资源，为学生提供丰富的学习材料。这有助于学生从多个角度和维度理解知识，形成更为全面的认识。

教学媒体按照不同的分类标准可以划分为不同的类型。按媒体的发展,可以分为传统教学媒体和现代教学媒体。传统教学媒体主要包括黑板、粉笔、教科书等;而现代教学媒体则主要指电子媒体,如幻灯机、录音机、电视机、计算机等。按使用媒体的不同感知器官,还可分为视觉媒体、听觉媒体、视听觉媒体和交互多媒体。例如,视觉媒体包括图片、教科书,而听觉媒体则包括口头语言、录音机等。

小学科学教学媒体则是指在小学科学教学中使用的、用于承载和在师生之间传递科学教学信息的介质或工具。这些介质或工具具有表现力强、交互性好、信息量大的特点,能够创设利于探究实践的情境,帮助学生获得更直观的感知,促进学生思维的发展,切实提高科学课堂教学效率。小学科学教学中常用的教学媒体主要有:

①传统教学媒体:教科书、黑板、挂图、标本、模型、实验材料等。

②现代教学媒体:电脑、投影仪、互动白板、智能手机等。

③网络教学媒体:在线课程、教学互动软件、教育网站等。

④虚拟仿真实验教学媒体:具有强烈真实感和强大交互功能的虚拟实验环境。

这些教学媒体既有都是用于教学目的的信息载体的共同特性,又有取决于具体的媒体类型的个体特性;既可以单独使用,也可以组合使用,以适应不同的教学目标和学生需求。

(2)小学科学教学媒体的使用原则

为保证科学、合理地使用这些媒体,最大限度发挥其在科学课堂教学中的作用,要遵循以下原则:

①目标性原则。教学媒体的使用应紧密围绕教学目标和教学内容,根据不同的教学内容,选择最适合的教学媒体,以确保媒体工具能够与科学课的主要学习方式有机结合,共同服务于教学任务。

②辅助性原则。要充分认识到教学媒体是作为辅助教学的手段来使用的,它不能取代教师的主体作用,也不能取代探究实践。在使用媒体工具时,要合理利用媒体来增强教学效果,避免过分依赖媒体进行教学,而忽视学生经历有效的科学探究和工程实践过程。切忌喧宾夺主,这一点对科学课尤为重要。

③优化性原则。在使用教学媒体时,力求恰到好处,避免过度使用或不当使用。这就需要教师根据学生的年龄、认知水平、学习特点,以及教学内容的具

体要求,选择最合适的媒体形式,优化教学过程和方法,以促进学生的理解和学习,使学生获得全方位的体验。

深入理解这些原则,有助于教师更有效地将教学媒体整合到科学课程中,创设内涵丰富的学习情境,激发学生的学习兴趣,提高学生的探究能力,在提升课堂教学质量的同时,促进学生的全面发展。

5.学生作业的设计

学生作业是课程与教学过程的重要环节。有关学生作业的内涵,我们可以从《中国教育百科全书》的界定中加以领会:"是学生为完成学习的既定任务而进行的活动,学生完成作业的目的在于巩固和消化所学知识,促使知识转化为技能或技巧。"再结合国内外学者的研究发现,即"视学生作业为课程教学的重要组成部分,其在内化知识、强化技能和调控教学等方面具有重要作用;作业可分为课内和课外两大类,课外作业是教学的补充与延伸",进一步理解"作业是落实核心素养培育的有效途径之一"。小学科学教师应增强设计有效作业的意识,提高设计高质量作业的能力,让作业真正反馈出学生的学习程度和教师的教学效果。

(1)小学科学作业的价值

《义务教育科学课程标准(2022年版)》明确指出:"作业对学生巩固知识、形成能力、培养习惯,以及对教师检测教学效果、精准分析学情、改进教学方法,具有重要价值。"具体体现在:

①巩固和强化科学概念。作业是课堂教学活动的必要补充,有助于学生巩固和深化所学知识。通过实践操作或解答问题,学生可以将抽象的科学概念转化为实际应用,促进科学观念形成。

②培养科学探究能力,增强实践操作能力。真实情境下的实际问题或实际任务作业,往往包含实验、观察或调查等,这些解决实际问题的活动能够激发学生的探究欲望,培养他们提出问题、设计实验、收集数据、分析结果和表达交流的能力。一些需要动手操作的科学作业,比如小实验、制作模型等,能够增强学生的动手能力,还能帮助他们理解科学原理在现实生活中的应用。

③发展科学思维。在分析数据、解释现象中去解决问题的科学作业,鼓励学生质疑、验证和反思,而不是被动接受知识,这样能够促进学生科学思维的发展。

④培养科学态度和价值观。有趣的科学实验和项目能够激发学生对科学

的兴趣,保持他们的好奇心;能够帮助学生树立正确的科学态度,如实事求是、尊重证据、勇于探索等。同时,通过了解科学对社会的影响,可以培养学生对自然和社会的责任感。

⑤反馈教学效果。教师可以通过作业了解学生的学习情况,评估学生的学习效果和核心素养的发展水平,及时发现问题并作出教学策略调整,避免"脆弱知识综合征"的出现,有利于达成教学目标,提高教学质量。

(2)小学科学作业的类型

多样化的作业形式,不仅可以激发学生的学习兴趣和探究欲望,还能够培养学生的自主学习能力和创新精神;不仅能够帮助学生巩固课堂上学到的知识,还能培养学生的多种技能,为他们未来的学习和生活打下坚实的基础。以下是一些常见的小学科学作业类型:

①观察日记类作业

观察日记通常要求学生亲自动手,如观察植物的生长、记录天气变化等,通过直接体验加深对科学概念的理解。观察日记需要学生定期观察某一自然现象或生物的生长过程,并记录其变化。这类作业有助于培养学生的细致观察力和持续关注的习惯。

②实验报告类作业

学生在完成一个简单的科学实验后,需要填写实验报告,描述实验过程、现象以及得出的结论。这类作业要求学生具备一定的数据分析能力和逻辑思维能力。通过对实验数据的整理和分析,学生能够理解科学探究的基本方法。

③科学项目类作业

科学项目类作业通常是一种综合性作业,要求学生选择一个主题进行深入研究,可能涉及实地考察、问卷调查、资料收集等多种研究方法。这类作业鼓励学生运用所学知识解决实际问题,提高自主学习和项目管理能力。例如,学生可以围绕"节约用水"的主题,设计一个科学项目,通过调查和实验来寻找节水的方法。

④创意制作类作业

创意制作类作业鼓励学生运用废旧物品或常见材料制作科学模型或简易工具,如制作风车、小型太阳能装置等。这类作业不仅能够激发学生的创造力,提高他们的动手能力,还能让他们在实际操作中理解科学原理。

⑤科学阅读和报告类作业

学生需要阅读指定的科学书籍或文章,并撰写阅读报告或进行口头报告。这类作业通过对比不同资料中的信息,学会分析和评价科学信息的准确性和可靠性,可以培养学生的批判性思维,有助于学生扩展科学知识,提高阅读和写作能力。

⑥科学探究类作业

科学探究类作业要求学生针对某一科学问题提出假设,设计实验进行验证,并总结探究过程和结果。这类作业模拟了科学研究的真实过程,有助于学生掌握科学探究的基本步骤,培养其独立思考和解决问题的能力。

总的来说,这些作业类型不仅涵盖了小学科学课程的核心内容,还充分考虑了学生的年龄特点和认知发展水平,能够帮助学生掌握知识,为他们的全面发展奠定基础。

(3)小学科学作业的设计要求

一要适应教育政策的变化。在"双减"政策背景下,作业设计需要更加注重实效性、个性化、生活化和综合性,应关注学生科学观念、科学思维、探究实践和态度责任等核心素养的培养,帮助学生构建扎实的科学知识体系,并能够运用这些知识解决实际问题。

二要促进学生全面发展。科学作业设计应遵循立德树人的根本任务,帮助学生形成科学的自然观,提升他们独立解决实际问题的能力,形成科学态度和正确的价值观。具体可从以下几方面进行:

①结合学生生活经验,设计与学生的日常生活密切相关的作业,比如观察天气变化、植物生长或者家庭中简单的物理现象等。

②进行分层次作业设计。根据学生的不同水平,设计不同难度的作业,既能够满足高水平学生的挑战需求,又能够保证低水平学生的基本学习需求。

③强调实践操作。通过实验、制作模型、实地考察等方式鼓励学生亲自动手操作,设计一些开放性问题,让学生自己去探索答案,培养学生的科学探究能力和创新思维。

④进行跨学科主题学习。将科学与其他学科如数学、语文等结合起来,设计一些综合性作业,帮助学生建立跨学科的联系。鼓励学生使用互联网、教育软件等现代信息技术手段来完成,提高他们的信息素养。设计一些需要小组合作完成的作业,促进学生之间的交流和合作。

⑤重视反馈与评价。作业设计与实施研究应有助于处理好减轻学生作业负担与提高教学质量的关系,有效发挥作业在增强学生综合能力和改进教学方法中的积极作用;应便于教师进行有效的反馈和评价,及时了解学生的学习情况,以便调整教学策略。

设计科学作业时,还需避免出现一些偏离作业本质的问题,如:

①过于抽象或理论化。作业如果过于依赖理论知识而缺乏实际应用,可能会让学生感到枯燥无味,难以理解科学概念在现实世界中的意义。

②难度不匹配。作业难度过高或过低都会影响学生的学习积极性。过难的作业会让学生感到挫败,过易的作业则无法提供足够的挑战。

③缺乏指导和资源。作业要求模糊不清,或者缺乏完成作业所需的信息和资源,会给学生造成困惑和沮丧。

④忽略安全考虑。特别是在涉及学生亲自动手的作业中,安全是至关重要的。任何时候都不能忽视安全指导,否则会导致实验失败或增加学生受伤的风险。

⑤缺乏创新性和个性化。重复使用相同类型的作业或忽视学生的个人兴趣和学习风格,会降低作业的吸引力和效果。

⑥忽视评估和反馈。缺乏明确的评估标准和及时的反馈,在作业完成后没有具体的反馈,学生不知道自己的表现如何,也无法纠正错误。

因此,设计既有趣味性又有教育意义的小学科学作业,是每一位科学教师应用心完成的"作业"。

综上所述,小学科学教学设计是科学课堂教学中不容忽视的重要规划环节,直接影响课堂教学实施的效果,特别值得广大科学教师深学、深悟、深思、深研。

第二节　小学科学课堂教学的实施过程

小学科学课堂教学的实施过程就是我们常说的"上课",是学校实施科学课程的主体环节,是教师将教学预想付诸教学实践的过程,是检验和完成所有课前准备的过程。一般情况下,一节常态的小学科学课包括导入、展开、收尾三个基本环节。导入是课堂教学的第一个环节,是所有教学活动的开始;展开是课堂教学的主体环节,也是一节课的重头戏;收尾则是课堂教学的最后部分,意味着一节课的结束。

一、小学科学课堂教学的导入

作为科学课堂教学的开始,导入是教师为激发学生的学习动机所采取的一种教学行为。导入环节是一节科学课的重要步骤,它能够为整节课的顺利进行打下良好的基础。因此,我们要充分了解导入的功能,并在实践中不断探索和优化导入的方法,以更好地发挥其作用,提高教学效率。

（一）导入的功能

1.引起关注

心理学认为,良好的注意力是大脑进行感知、记忆、思维等活动的基本条件。有趣、有效的导入活动能够吸引学生的注意力,刺激学生的警觉性,减少课堂上的干扰因素,让与教学活动无关或对教学有碍的活动迅速得到抑制,帮助学生专注于即将学习的内容。尤其对于年龄较小的学生来说,导入活动如同一个响亮的"开场铃",提醒他们专注学习新知识的时候到了。

2.激发兴趣

苏霍姆林斯基说,"如果教师不想办法使学生形成情绪高昂和智力振奋的内心状态就急于传授知识,那么这种知识只能使人产生冷漠的态度,给不动感情的脑力劳动带来疲劳而已"。因此,"善导"的教师,会通过设计疑问和模拟真实的科学探究情境,唤起学生的好奇心;会通过游戏或实验,如利用实物或教学媒体等材料,让学生直观地感受到学习的乐趣;会将科学知识与学生的日常生活联系起来,让学生认识到学习的实用性和重要性,从而增强学习兴趣,产生求知欲望,更乐意接受新知识,更积极、主动地参与到学习过程中。

3.明确目标

导入活动可以将学生带入将要学习的领域,为整节课的教学方向和重点内容做有效指引,为学习指明方向。教师通过导入环节设置的问题或者情境,能够帮助学生明确本节课的学习目标。通过导入环节的铺垫,学生能够更好地理解新知识与旧知识之间的联系,能够用目标监控、调整自己的学习,便于形成系统的知识结构,对学习内容充满期待。

4.启发思维

"良好的开端是成功的一半。"一个恰当的导入可以激活学生的思维,让学生在导入环节就开始进入探究状态,为之后的深入学习做好准备。教师可利用提问引发学生思考,利用具有挑战性的任务激励学生主动学习和探索,利用讨论和分享鼓励学生表达自己的观点等,激发学生的学习动机,促进学生之间的交流,增强学生学习的主动性,继而使其进入"触发心灵的学习"中。

5.建立联系

知识只有在整体联系中才能真正被理解和掌握。导入环节为新旧知识之间的衔接建构了一座桥梁,是引导学生进入新知识学习的过程,让新知识与原有的认知结构建立起实质性的联系。教师可以带领学生回顾与新知识有关的旧知识,为他们学习新知识做好铺垫;也可以利用提出的问题或情境自然地过渡到新知识的学习,使知识的传递过程更加连贯。

综上,导入环节不仅能够吸引学生的注意力、激发学习兴趣、明确学习目标,还能够启迪学生的思维,并有效地连接新旧知识。科学教师应充分利用这些功能,设计出富有创意和针对性的导入活动,使其成为促进有效教学的强有力工具。

（二）导入的设计原则

教师在设计、实施小学科学课堂教学导入环节时,要充分考虑学生的认知水平和心理特点,做到以下几点:

1.启发性。苏霍姆林斯基说,"教学的起点,首先在于激起学生学习的兴趣和愿望"。导入要带给学生一点奇妙的体验,启发学生发现问题,引发学生思考,以吸引他们刨根问底,激发他们探索未知领域的强烈愿望,调动他们在导入环节就开始思索和探究的积极性。

2.针对性。导入的主要作用在于激发学生的学习兴趣,必须根据小学生的心理特征,针对不同的年级、环境条件、时间,选择不同的方法,调动他们的多种感官来参与学习过程。

3.简洁性。导入环节应简洁明快,过于拖沓的导入会导致教学目标不明确,喧宾夺主。教师要合理控制导入的时间,用简短精练的语言、精选的演示快速而有效地过渡到核心教学内容。

4.目的性。任何导入都应指向教学目标,让学生清楚要学什么,怎么学,为什么要学。研究表明,清晰的学习目标有助于学生集中精力,对后续学习产生良好的影响。

（三）导入的方法

小学科学课程的性质决定了科学课导入方法的多样化。虽然导入环节只有短短的几分钟,但若想有效激发学生的学习兴趣,使他们能够全神贯注地投

入接下来的学习,可以采用以下导入方法:

1.现象设疑:"学起于思,思源于疑",人在对某一种现象产生困惑后容易产生探究的欲望。教师通过实验、实物、游戏或故事、图片或视频等形式呈现精心设计的问题和悬念,激起学生的好奇心,激活思维,促使他们产生强烈的求知欲,让学生在注意力高度集中、求知欲高涨的状态下开展探究实践活动。

2.困难解决:通过讲述或模拟的形式,呈现一个与学习内容密切相关的难题或挑战,教师在学生面前适当地"示弱",给予学生充分自主的机会,让学生在想办法解决困难的过程中发现问题,引导他们通过学习新知识来解决问题。值得注意的是,由困难引发的问题既不能过难也不能过于简单,要既富有挑战又能让学生凭借自己的努力及他人的帮助加以解决。

3.开门见山:结合具体的教学内容和学生的实际情况,从课堂主题出发,以提问、释题的形式,用精练的语言单刀直入地揭示新课的核心内容,阐明本节课的学习目标及学习要求,使学生能够迅速进入学习状态,从而节省教学时间。这种方法看似简单,却需要学生具有较强的自控能力,有意识地集中注意力的时间较长,因此比较适合高年级学生。

4.以旧带新:"学生不是空着脑袋进到教室里来的。"以旧带新就是不仅要在课堂上回顾已学过的科学知识,还要唤醒学生已有的生活经历与学科活动经验,让它们成为学生迎接新知识学习的基础。通过提问、练习、讲述等形式,由已知进入未知,帮助学生建立新旧知识、新旧经历之间的联系,为学生提供一个渐入佳境的缓冲过程,使学生在"温故"的基础上"入题、知新"。

总之,导入无"一定之规",但有"一定之妙"。不拘一格地"常新",才会在科学课堂教学伊始就牢牢地抓住学生。

（四）导入与情境创设

导入与情境创设是小学科学课堂教学中不可缺少的教学环节,它们既相似又有所不同。具体表现在以下几方面:

1.目的:导入环节的目的是引发问题和疑问,吸引学生的注意力,激发学生的学习兴趣,为新知识的学习做好铺垫;而情境创设旨在营造一个接近真实的学习环境,让学生在具体情境中探究和学习,加深对知识的理解和应用,进而提高实践能力。二者都致力于激发学生的学习动机,使学生对即将学习的内容产生兴趣,从而更好地进入学习状态。

2.作用范围:导入仅限于课堂开始的部分,起到引出主体学习的作用;情境创设不仅可以应用于导入,还可以贯穿整个课堂教学,影响课堂教学的多个环节。两者都是利用多种教学手段来调动学生的积极性,使他们从不同角度对学习内容产生浓厚的兴趣。

3.知识构建:导入能够帮助学生连接已有知识和新知识,形成知识建构的"最近发展区",为后续学习做铺垫;而情境创设是为促进学生在具体情境中构建和理解新知识服务的,通过情境中的问题解决和探究活动,帮助学生加深对知识的理解,实现知识的升华和内化。两者都强调通过情境中的互动和体验来促进知识建构。

4.教学效果:导入是在短时间内集中学生的注意力,增强学习的针对性;情境创设则是通过持续的情境体验,影响学生的学习态度和行为,对其综合素质的发展产生长远效应。导入重在引入,情境创设重在深化,两者互为补充和完善,共同提升教学效果。

5.学生参与度:在导入环节,学生参与度相对较低,主要以倾听和观察为主,导入的目的是引起学生注意和激发其兴趣;情境创设则强调学生主动参与,以学生为主体进行实践操作和互动探讨,对提高学生的知识掌握程度、思维能力和实际应用能力有积极影响。随着教学的深入,学生在导入环节中的被动参与逐渐过渡到情境创设中的主动参与,形成连贯的学习过程。

6.对教师的要求:导入相对简单,侧重于启发思维和调动情绪,为学习内容做铺垫;情境创设则需要更为复杂和细致的设计,要求教师具备更高的教学设计能力和对学生认知水平的深刻理解。两者都需要教师灵活运用不同的教学资源和方法,使导入和情境创设相得益彰,共同提升教学效果。

针对上述分析,教师在实际教学中要注意以下两点:

第一,在设计课堂教学活动时,应考虑如何将两者有机结合,通过导入来引起学生的兴趣,再用情境创设引起学生的认知冲突,激活经验,提出问题,进入科学探究阶段。

第二,导入部分应能够概括性地预示即将学习的主题,迅速引起学生的关注,情境创设则应该贯穿教学全过程,因此应紧密结合课程目标和学生的实际生活经验,让情境既有浸润意义又能激发学生兴趣。

总的来说,导入和情境创设在教学中是紧密相连、互为补充的两个环节。导入为学习新知识做好准备,情境创设则提供一个接近现实的学习背景,促进知识的应用与内化。明确二者的关系,对于小学科学课堂教学的有效展开具有重要意义。

二、小学科学课堂教学的展开

导入环节之后,就进入到课堂教学的展开环节。小学科学课堂教学的展开与导入一脉相承,无缝衔接,无法割裂。展开是从导入的提出问题到解决问题、形成新知识及新方法的全过程。

（一）展开的原则

按照《义务教育科学课程标准(2022年版)》中"设计并实施促进学生深度学习的思维型探究和实践"的要求,小学科学课堂教学的展开应遵循以下原则:

1.科学性原则。科学性是指小学科学课堂教学要符合科学自身的特征,要遵循学生发展规律,展现出科学课真正的样子。首先应做到教学内容的科学性。教师要确保知识准确、实验操作规范,不能出现科学性错误;内容安排要合理,教学活动用时适宜,体现出科学清晰、正确的逻辑结构和推理等特点。其次应做到教学方法和实施途径的科学性。教师应采用适合学生认知发展的教学方法和实施途径,包括采用各种基于证据的教学策略,如探究式学习等,提升学生的科学探究和实践能力。

2.主体性原则。主体性是指教学必须面向全体学生,要将学生置于教学活动的中心,重视学生的主动参与和体验,把课堂主角的位置还给学生。课堂上充分发挥学生的主动性和积极性,鼓励学生提问和主动探索,增强学生的参与感,给予学生充分的自主学习时间和空间。此时教师应担当引导者的角色,帮助学生构建知识框架,指导学生学会学习。

3.实践性原则。小学科学课程本身的实践属性决定了学生必须在实践中学习科学。通过观察、实验、制作和调查、考察等活动,学生能够亲身体验科学现象和过程,"通过支配材料发现意义",促进学生对科学概念的深入理解。强调让学生通过参与探究和实践,将理论知识与实际操作相结合,让学生在实践活动中巩固和应用科学概念,培养学生的科学思维和问题解决能力,强化学习效果。

4.探究性原则。探究性原则是小学科学课堂教学展开环节的核心原则。在以培养核心素养为目标的科学课堂教学中,通过为学生提供丰富的实验材料,引导学生经历探究活动,让学生在真实或模拟的情境中自主学习和解决问题。这是因为科学知识的学习,科学方法与技能的训练,科学思维的发展以及科学精神、态度与责任的养成,必须是学生亲身经历科学探究活动而自我内化实现的,而不是以教师讲授或学生死记硬背知识点的形式实现。在内化过程中,鼓励学生记录实验观察和结果,并据此进行思考和讨论,以提升他们的分析和评估能力,提高实证意识。

总而言之,在小学科学课堂教学的展开环节,教师应充分考虑这些原则,开展高效、有意义的教学活动,以确保科学教育的质量和学生能力的全面发展。此外,教师还应不断更新教育理念和方法,与时俱进,为学生提供多元化、富有挑战性的学习环境。

(二)展开的主要方式

小学科学课堂教学的展开方式有很多种,针对提出的问题讲解、分析是一种方式,运用观察、实验或剖析案例引导学生思考、推理也是一种方式,但最主要的方式还是"探究和实践"。探究指科学探究,实践指技术与工程实践。为此,我们有必要深入了解科学探究和技术与工程实践的内涵及过程要素,深化、内化、转化探究实践理念,将探究和实践精准运用于课堂教学过程中,进而上好每一节科学课。

1.科学探究的内涵、过程要素及实施方法

《义务教育科学课程标准(2022年版)》指出:"科学探究是探索和了解自然、获得科学知识、解决科学问题的主要途径。""科学探究"自1961年由美国芝加哥大学教授施瓦布提出后,逐渐融入科学课程与教学实践中,不仅为科学教育提供了重要的理论基础和实践指导,还推动了教育方式的变革和创新。

(1)科学探究的内涵

科学探究是科学研究的重要手段,是科学家"运用科学的方法研究自然界,并基于此种研究获得证据提出种种解释的多种不同途径",其过程充满艰巨性和创造性。科学教育中的科学探究是指在教师引导下,学生通过模拟科学家的工作过程,体会科学家研究自然界的方法及进行的各种活动,并从中获取知识、学习科学方法,发展科学思维及科学探究所需要的能力。概括起来,就是通过"做中学""学中思",最终达到"思中得"的目标。

科学探究是把科学本质、科学知识、科学方法的学习联系起来的行为,可以说没有探究就没有发现。但同时我们应该认识到学生经历的科学探究与科学家从事的科学探究之间既有共性又有差异,即这两种探究在过程未知、结果未知及探究的程序和方法等方面基本相似,但在探究目的、探究过程真实性以及程度深浅上却有所区别。科学家从事的科学探究是以发现尚未认识的事物及其规律为目的的真实历程,是建立在深厚的专业知识基础上的全方位探究;而学生经历的科学探究是在浅显的专业知识基础上,通过模拟科学探究过程而进行的局部的、层次较低的探究,是对科学探究的再探究,以此来增进对科学探究的理解。

如此说来,在教学过程中运用科学探究,重视培养学生的科学探究能力,是核心素养时代的科学课教师必备的教学能力。

(2)科学探究的过程要素及实施方法

科学探究是一个过程,是一个包含一定活动程序或操作步骤的过程。这个过程将"提出问题、作出假设、制订计划、搜集证据、处理信息、得出结论、表达交流和反思评价"等要素以科学的思维方式链接起来。在这个过程中,上述要素呈现的顺序可以不固定,呈现时无须包含全部的要素。这些要素也不是只呈现在展示环节,而是要依据整节课的进程依次分布在导入、展开和收尾环节。学生要在理解科学探究涉及这些要素的同时,从情境中发现问题,明确问题,学会运用观察、实验、测量、推理、解释等各种科学方法去解决问题。可见,科学探究的过程也是学生学习科学探究技能和科学方法的过程,是以思维培养为核心,引领科学学科核心素养协调发展的过程。

①提出问题

问题是科学探究的开始。一个好的问题能够驱使学生进入主动探究状态,引发有效的学习活动。爱因斯坦曾经说过:"提出一个问题往往比解决一个问题更重要。"这里的"问题"应符合下面几个特点:

·与教学主题相一致。

·在贴合学生最近发展区的观察、实验、制作等情境中发现并提出。

·学生经过分析、比较可行性后能够抽取、确定自己要探究的问题,并将之清晰地表述出来。

因此,教师要关注不同年级的学生该如何提出有价值的、自己能够探究的问题。对独立提问并明确可探究问题存在困难的学生,教师要提供辅助材料,帮助学生聚焦、感知情境蕴意;对表述不清晰、不准确的学生,教师要帮助他们对提出的问题进行转化;对思维比较发散、能从不同角度发现问题的学生,教师要引导他们在观察、联想、类比、分析等基础上发现可探究问题的特征,激发他们发现问题、解决问题的热情。

②作出假设

假设是一种预见性活动，是人们运用思维和想象，对未知的事物本质或规律提出的初步设想或推测。在学生经历的科学探究中，假设是对所探究问题作出的可能性答案或尝试性解释，是可验证的。作出假设是连接问题与解决方案的桥梁。它不仅指导着后续实验的设计和实施，而且直接影响研究的方向和深度。正确的假设能够使研究工作更加高效，而错误的假设则可能导致研究方向偏离正确轨道。

因此，引导学生作出假设时应注意：

· 鼓励学生基于已有的知识、经验和观察，提出一个可能的解释或答案。

· 鼓励学生大胆假设，赞赏那些"异想天开"的学生。

· 引导学生认识到合理的假设需要有明确的依据。

· 培养学生具有对假设进行证实或证伪的意识。

要想准确地作出假设，需要具备扎实的基础知识、敏锐的观察力和严谨的逻辑思维，因此教师要通过引领学生不断测试、修正假设，使之最终符合逻辑，来提高学生作出正确假设的能力。

③制订计划

凡事预则立，不预则废。在作出假设之后，为了后续高质高效地完成探究活动，需要进行全面考量、合理安排各种资源，这就是制订计划。制订计划是一个复杂且细致的过程，可从以下几个方面进行：

· 明确要求和目标。即明确要解决的具体问题是什么，围绕这个问题需要做什么准备；明确探究活动想得到的具体结果是什么，需要从哪些方面入手才能取得这个结果。

· 设计实验方案。主要是设计实验详细步骤，包括每个观察、实验、调查等活动的程序和过程；明确如何控制那些除了实验因素（自变量）以外的所有影响实验结果的变量；还要为提高数据的可靠性和准确性而设计重复实验。

· 选择实验现象及数据的收集、记录与分析方法。明确各种记录表的使用方法，便于准确记录实验现象与数据。针对实验数据提前确定分析方法，如统计图表分析等。知道现象与数据是得出科学结论的证据，所以必须保证其准确性。

· 做好团队分工。小组合作学习的形式，要求小组成员互相协作并共同讨论结果，因此要明确小组内每个成员的职责和分工。低年级学生可以由教师指派,随着年级的升高与合作经验的丰富,逐渐由学生自行商定成员分工。

综上,系统地制订出一个全面、实用的探究计划,有助于探究顺利进行,确保实验结果的准确性和可靠性。

④搜集证据

证据是指能够证明事物真实性的陈述、事实和结论。科学证据指能够证明科学假说真实性的事实陈述、实验结果和观察结论等。在学生所经历的科学探究中,搜集证据是指学生在教师的指导下,根据探究计划,在观察的基础上使用各种工具和技术,如测量仪器、计算机软件或实验设备,来搜集与问题解决相关的数据、资料和信息。可使用表格、图表或其他可视化工具,以清晰、系统的方式将数据等信息呈现出来,便于后续分析。同时要保持原始证据的完整性,以便在需要时进行复查。此外,还应认识到:

· 观察和实验是获取证据最基本的方法,但不是唯一的方法,是学生学会"用事实说话"的基本途径。

· 多维度、据实搜集是获取证据的原则,凸显制订周密计划的重要意义。

· 观察与思考相结合是实验的根本,要在实验过程中不断发现问题并解决问题。

搜集证据是科学课注重实证的本质体现。因此必须确保证据的可靠性和一致性,避免产生误差。

⑤处理信息

处理信息是学生对搜集到的实验数据、资料等各种信息进行头脑加工的过程,是一项需要使用分析、综合、推理等方式对信息进行选取和解读的思维活动。教师要教会学生处理信息的方法和策略,帮助学生学会加工处理数据信息。具体来说,包括以下几方面:

· 在文字化、可视化呈现出信息的基础上,引导学生进行信息整理,并将其与有关的科学概念、原理等建立联系。

· 运用简单的统计方法,如求平均值、取中位数等方法处理数据。对比分析不同数据集,通过寻找模式和相关性,理解其分布规律和趋势。

· 注重数据等信息的解读。这意味着不仅要关注数据本身,还要寻找其中隐含的背景信息、实验条件和其他可能影响结果的因素,并对数据进行批判性思考,识别潜在的偏见、误差或异常值,从而提高探究的可信度。

· 随着科技的发展,数字技术和实验设备在科学探究中发挥着越来越重要的作用。处理信息时可以利用数字传感器、数据采集器和数据分析软件等工具来提高实验数据的精确性,进而提高实验效率。

⑥得出结论

结论是基于实验数据、观察结果和资料分析而得出的最终观点或答案。得出结论是对最初的探究问题的回答,是对假设是否成立作出的合理解释。因此要做到:

· 培养学生用数据构建证据的意识,即实证意识。教会学生如何根据数据分析结果得出结论,确保结论直接回应探究问题;教会学生使用逻辑推理来支持或反驳假设。

· 培养学生的批判性思维。创设开放的课堂环境,针对实验中可能因错误和偏差而出现的结果,鼓励学生依据理论和证据提出疑问,进一步评估和修正自己在探究过程中形成的解释。

· 引导学生认识到科学是一个不断发展的过程,随着新数据和新理论的出现,旧有的结论可能需要被修正或更新。

得出结论是一个严谨的过程,要求学生具备批判性思维、逻辑推理能力,并关注探究细节。长此以往,培养学生逐步建立起对周围世界的深入理解。

⑦表达交流

在得出关于某一个问题的结论后,学生需要与他人进行交流,一方面向他人分享自己的探究过程和结果,将思维成果传递出去;另一方面,他人也可以对其结论提出疑问,指出与证据不符之处或针对相同的证据作出不同的解释等。表达交流不仅仅是简单的信息传递,它还涉及信息的解码、理解以及反馈等多个过程。教师可以采取以下方式指导学生进行有效的表达交流:

· 培养学生学会使用准确严密的科学语言、文字、图形、图表、模型等来表述观察内容、实验结果和结论。教师可通过提问、引导和点拨的方式,帮助学生深化思考,形成科学的思维方式和有理有据的表达习惯。

· 通过小组讨论活动,鼓励学生在小组内表达自己的观点,并倾听同伴的意见,促进学生之间的互动;营造一个轻松、开放的课堂环境,鼓励学生自由表达,确保每个学生都有发言的机会。

· 教育学生善于倾听他人的意见和建议,学会如何在合作中尊重他人,引导学生学会辩证地看待同伴的观点,鼓励学生运用批判性思维对他人的解释进行质疑提问、评估证据,促进学生之间的思想碰撞和知识共享。

· 帮助学生学会用协作的方式找到解决问题的方法,共同达成对问题的理解。

有效的表达交流能够使学生学会如何进行科学论证,如何倾听和尊重他人的观点,以及如何在集体中学习和合作。

⑧反思评价

反思评价是对科学探究过程中所采用的方法、过程、结果和结论进行全面回顾以及分析和评估的过程。目的是发现并纠正错误、总结经验教训、提高科学探究的质量;帮助学生获得对科学知识的深层次理解,深刻领会科学探究的价值和意义;发挥学生作为评价主体的重要作用,形成对探究结果可靠性进行评价的意识。具体做法如下:

· 回顾探究过程。分析实验方案的设计、探究方法的选择、证据的搜集处理等,查找可能存在的问题和偏差。

· 检验探究结果。使用不同的方法或工具对探究结果进行检验和验证,通过重复实验获得多次证据,以确保探究结果的可靠性和准确性。

· 听取他人评价。将自己的探究结果与其他同学、小组的相关结果进行对比,找出差异性和一致性,分析出现这种情况的可能原因,认真听取并接受老师和同学们的客观评价和建议,从而促进自身的进步和发展。

对一个探究过程的反思评价,需要学生调动自身的知识背景,以及分析、比较、概括等思维活动,需要以严谨的态度来对待。从探究中获得的启示,是学生发展科学探究能力的原动力,久而久之,学生的核心素养才能逐步提高。

总的来说,科学探究作为现代科学教育的核心,不仅仅是一种方法论的实践,更是一种深入理解自然界的哲学态度。科学探究这一过程体现了人类对探索自然的不懈追求和对未知世界的好奇心,它不仅需要严密的逻辑推理和实证研究,还需要与外界环境的互动和合作。

2.技术与工程实践的内涵、特征、过程要素及实施方法

《义务教育科学课程标准(2022年版)》中"在广义的理解中,科学也包括技术与工程"的表述,将技术与工程实践和科学探究结合在一起,共同构成科学教育的研究领域。从科学探究到探究实践,这种转变反映出科学课程越来越强调主体性、探究性、实践性和跨学科性的特点,表明了科学教育不仅关注科学知识和科学探究能力的学习,也注重技术与工程实践能力的培养,体现了教育的深层次需求,即培养学生的创新思维,形成创造力所必需的个性化品质。

（1）技术与工程实践的内涵及特征

技术是人类改造世界的工具。随着生产力水平的不断提高，技术的内涵在不断丰富和发展。从广义上讲，技术作为一个动态系统，是人类为了满足社会需要，遵循自然规律，在利用、控制和改造自然的实践活动过程中，创造出来的手段、方法和技能的总和。

工程是数学和科学的某种应用，是人类为了改善生存、生活条件，根据当时对自然规律的认识，应用科学知识和技术手段，有组织地将现有实体转化为具有预期使用价值的人造产品的过程。

技术与工程极大地改变了自然世界、改变了人类的生存环境。技术与工程在为社会、文化和经济带来空前繁荣的同时，也带来了负面影响。因此，我们应正确看待技术与工程的发展，从工程学视角来看待周围世界，形成对科学、技术、工程和社会的正确认识。

首先，要认识到科学与工程、技术之间有着很大的差异。

科学是人类探索研究宇宙万物变化规律的知识体系。科学研究的对象是自然世界。科学家运用理论思维，致力于研究自然界的本质，通过观察、实验和理论推导，得出对自然现象的一般性结论或解释。主要解决"是什么"和"为什么"的问题。

工程是以建造为核心，强调实践性和创新性，注重解决实际问题。活动的对象是人工世界。工程师运用设计思维，将理论转化为现实，设计出产品、设备系统或构件，满足社会需求。主要解决"作出了什么"的问题。

技术以创造性思维为主，其核心是发明，强调方法的可重复性和通用性。活动的主体是发明家，他们专注于技术的研发和创新。主要解决"怎么做"的问题。

其次，要了解科学与工程、技术三者之间的密切联系。

科学解释自然界的客观规律，工程和技术则在尊重自然规律的基础上改造世界，解决实际问题。也就是说，科学是工程和技术的理论基础；技术是构成工程的核心要素、支撑着工程的实施；工程则是技术的集成，是一个系统，促进技术的发展。工程技术也称生产技术，是在工业生产中实际应用的技术，而科学技术更多的是指科学理论技术。工程是科学技术转化为生产力的桥梁，是促进科学技术发展的动力。

据此，我们可以这样认为：科学教育中的技术与工程实践是指在科学技术

的指导下,通过设计、规划、实施和管理等活动,将科学知识转化为实际产品或服务的过程。它具有以下特征:

①创新性。创新是推动技术进步和工程项目成功的关键因素。在技术与工程实践过程中,学生通过运用创新思维和创新能力来完成目标,设计新的解决方案来应对设计挑战。

②实践性。技术与工程实践强调动手能力和实际操作的重要性。学生通过模型制作和项目研究进行深入研究、学习,这种实践活动有助于加深对理论知识的理解并提高解决实际问题的能力,逐步养成"问题—改进—新问题—再改进"的实践习惯。

③跨学科性。技术与工程实践通常会涉及多个学科的知识和技能,如数学、科学、计算机科学等。这种跨学科的特性要求学生能够整合不同领域的知识,以全面理解和解决复杂的工程问题。

技术与工程实践能力对个人生活以及社会发展都有着极为重要的作用,需要在技术与工程实践的过程中逐渐习得。

(2)技术与工程实践的过程要素及实施方法

《义务教育科学课程标准(2022年版)》明确指出:"技术与工程涉及明确问题、设计方案、实施计划、检验作品、改进完善、发布成果等要素。"由此可知,技术与工程实践的过程要素和科学探究的过程要素大致相同,但略有差异。对各要素的深入理解如下:

①明确问题是技术与工程实践的起点,与科学探究中的提出问题一样,都是为了解决问题。但与科学探究中提出问题的属性不同的是,技术与工程实践中的问题往往是产品、系统或过程的设计、优化和改进,目的是实现技术创新和提高生产效率,改善人们的生活质量。例如,工程师会提出"如何设计一款更高效的发动机"或者"如何减少工厂排放的污染物"等问题。教学中,我们可以这样帮助学生明确问题:

首先,引导学生观察实验或实际生活中的现象,激发他们的好奇心和探究欲望。在观察中,学生可以发现并提出自己感兴趣的问题。

其次,通过提问的方式,引导学生思考并明确问题。例如,教师通过提问"你们认为这个问题应该如何解决"等,帮助学生梳理思路,明确问题的本质和关键点。

再次,鼓励学生之间进行讨论和交流,分享彼此的观点和想法。在讨论过程中,学生可以互相启发、补充和完善对问题的理解和表述,可以更全面地了解问题的背景和影响因素,为后续的设计和实施提供更有力的支持。

最后,在讨论和交流的基础上,引导学生对问题进行明确的定义。包括确定问题的本质、影响范围和优先级等。通过定义问题,确保学生对问题有共同的理解,避免在后续的工作中出现误解或偏差。同时,明确的问题定义也有助于学生制订更有针对性的解决方案。

②设计方案是技术与工程实践的规划,是工程中的关键环节,也是进行思维训练的机会,是基于一定设想、目的的创造活动,是为产生一个具体的产品或系统而制订的、更注重对应需求的最优方案。

这个过程包括从需求角度选择合适的技术、进行方案论证、制订实施计划等步骤。由于工程最终要呈现实物,因此设计时要考虑各种限制条件,要考虑能够作出实物。例如,为了设计一款更高效的发动机,工程师需要考虑发动机的性能、成本、可靠性等因素,并制订相应的设计方案。在这个过程中,工程师需要权衡各种因素,确保设计方案既满足需求又具有可行性。

在教学中教师可根据明确的问题定义,以小组合作的形式,组织学生从科学原理、条件限制、可靠性、操作难度、时间节点、任务划分、检验条件等角度全盘考虑,讨论方案的合理性,形成一个团队认可、相对可靠、容易实现的方案。让思维从形象逐渐向抽象、创造、计算、批判等方向发展。

在这里有两点需要注意:一是随着年级升高,学生要逐渐能够科学评议他人的方案,学习规范地绘制图纸;二是方案优化会避免制作作品时出现低级错误,减少迭代修改的次数,因此一定要在设计阶段进行优选,而不是作出作品后再修改方案,从而帮助学生树立"以科学方法控制成本,努力取得最佳效果"的意识。

③实施计划是将设计方案付诸实践的工作,是物化过程的开始,表明工程的最终结果是物质的而不是想象的。如果说设计方案是"想要怎么做作品",实施计划就是"把想要的作品作出来"。在这个过程中,学生要使用工具对所选择的材料进行加工,不仅动手动脑,还要按照方案设计的流程和规则完成作品,将想法、方案转化为有形物品。所以说,这也是一个测试、验证方案有效性和可行性的重要步骤。

教学中要注意与科学概念的学习相结合,给不同学段的学生创设合适的实践机会,要引导学生对作品进行观察,并记录相关现象和数据。随着年级的升高,如制作工具的使用、材料加工等工作安排要有渐进性,活动内容也需逐渐复杂。在这个过程中,教师要帮助学生了解作品的实际效果和性能,为后续的检验评估提供依据。

④检验作品是发现实际作品与设计方案之间差距的过程,是确保作品质量和性能达到预定标准的关键环节。真正的工程项目完成后,都需要进行验收,确保项目成果达到预期目标。科学课中的物化是简化的工程,因此教学时可以比照流程做好以下检验工作:

首先,再次明确检验标准,并依据标准中的要求,从作品的整体性能等多方面,结合目测、工具检查等多种方法,对作品进行全面、细致的检验,从中发现外观、尺寸等设计、加工制作中存在的问题。

其次,注重实践检验,通过实际操作、测试,验证作品的实用性和使用效果。记录检验过程中的所有数据和发现,填写检验报告,作为作品交付和验收的依据。

⑤改进完善是针对检验中发现的问题,进行作品及设计方案的优化和修改、提高质量、获得更好结果的过程。对于各年段学生而言,这是一个循序渐进的过程。由于经验短缺等,作品或设计方案可能会存在一些问题,所以在教学中教师要给予学生及时的反馈和建议,帮助他们认识到自己的优点和不足之处,明确需要改进的方向。一方面引导学生发现问题,启发他们找到解决问题的方法;另一方面让学生从中体会设计方案与作品之间有差距,反思为什么会有这种差距,怎样避免这种差距,意识到优化方案的重要意义。

⑥发布成果不仅是让学生将完成后的作品展示给外界,还要分享从设想到实现过程中的心得体会。这种相互间的交流可以增强学生的自信心和成就感,同时可以激发学生动手的兴趣和热情,使学生有机会学习借鉴他人的设计和作品,获得启发,促进创意。教师可以根据实际情况,选择展示台、展示橱窗、发布会、舞台表演、戏剧演出、博览会等形式组织展示和交流活动,尽可能让每一个学生都有交流的机会。

至此,我们对技术与工程实践的诸要素有了一定的了解,但仍需认识到,虽然不同学段的工程问题都要经历明确问题、设计方案、实施计划、检验作品、改进完善、发布成果等过程,但不同学段的侧重点不同,在实施过程中,应从总体上着重把握以下几方面:

· 创设真实而富有挑战性的工程问题情境。

首先,明确教学目标,即希望通过这次工程问题情境的创设,学生的科学观念、科学思维、探究实践、态度责任能够获得什么发展。同时应基于学生的年龄、认知水平、兴趣以及实际可行性,确定问题域,即选择哪个领域的工程问题作为教学内容。

其次,从现实生活、工业生产、科学研究等领域中寻找真实的工程案例。这些案例应具有代表性、典型性和挑战性,能够激发学生的学习兴趣和探索欲望。根据真实案例构建具体的教学情境,情境应尽可能贴近学生的生活实际和认知水平,让他们能够身临其境地感受到问题的存在和解决问题的紧迫性。例如,可以通过视频、图片、实物展示等方式,让学生直观地了解工程问题的背景和现状。

再次,将复杂的工程问题分解为若干个具体的、可操作的任务或子问题。这些任务应具有层次性、递进性和挑战性,能够引导学生逐步深入探究问题。为了增加任务的挑战性,可以设定一些限制条件,如时间、资源、技术等方面的限制。这些限制条件可以促使学生思考如何在有限的条件下解决问题,培养他们的创新思维和解决问题的能力。

最后,为学生提供资源与技术支持。为学生提供丰富的资料和参考文献,包括书籍、论文、网站等,以便他们了解相关领域的最新进展和研究成果。为学生提供必要的技术支持和指导,如软件使用培训、实验设备操作指导等,这些有助于他们更好地完成任务并深入理解工程问题的本质。如果条件允许,可以邀请行业专家或学者来校举办讲座或指导,让学生直接与专家交流和学习。这不仅可以拓宽学生的视野,还可以为他们提供宝贵的建议和指导。

• 注重培养学生的工程思维。

工程思维是一种筹划性思维,强调对问题的系统性、全面性和创新性的思考。它要求学生在面对问题时,能够运用系统分析、模型认知、风险评估等方法,提出并优化解决方案。培养学生的工程思维是一个系统工程,需要从多个方面入手:

首先,为学生创设工程情境,了解工程思维。可以选取真实的工程案例,引导学生分析案例中的问题和解决方案,理解工程思维在实际应用中的价值和意义。展示一些优秀的工程案例,让学生感受工程思维的魅力,激励学生努力学习并追求卓越;可以利用模拟软件、实验设备或虚拟现实技术等手段,创设接近真实的工程环境,让学生在模拟实践中体验工程思维的运用过程;还可以通过项目式学习,让学生参与真实的或模拟的工程项目,经历从问题定义、方案设计、实施、测试检验到评估的全过程,帮助学生更好地理解工程思维的内涵和应用。

其次,给学生提供充足的工程实践机会,训练工程思维。工程问题往往是复杂和多维度的,因此可以将工程思维的教学内容与学生的生活实际和兴趣点相结合,使教学内容更加生动有趣,激发学生的学习兴趣和积极性;要注重跨学科知识的整合,使学生能够在解决实际问题的过程中,灵活运用所学知识;可以让学生亲自实践操作,加深对工程思维的理解和掌握。在实践过程中,鼓励学生大胆提问和假设,引导学生深入思考问题的本质和解决方案的可能性,培养他们的好奇心和探究精神;组织学生以团队的形式进行合作学习,每个团队可以负责不同的任务或环节,通过协作完成整个项目,培养学生的团队协作精神和沟通能力。在小组合作的基础上适当引入竞争机制,如设置奖项、排名等,激发学生的积极性和创造力;通过讨论和比较选择最优方案,鼓励学生提出多样化解决方案,培养学生的创新思维和决策能力。

最后,及时反馈和评估,帮助学生形成工程思维。在实践活动过程中,通过过程性评价,关注学生在问题解决过程中的表现和努力程度,帮助学生及时发现问题并调整策略,确保实践活动顺利完成。通过展示学生的作品或项目成果来评估他们的学习成果。从创新性、实用性、技术难度等方面综合考虑评估标准,一方面肯定学生的努力和成果,强调工程实践活动没有标准答案;另一方面引导学生反思和总结自己的实践过程和方法,同时鼓励学生开展自评和互评,促进其反思和成长。

综上,这些方法相互关联、相互促进,共同构成了一个完整的培养学生工程思维的体系。

• 设计非良构的技术与工程实践活动。

非良构的技术与工程实践是一种富有挑战性且极具价值的学习活动,具有开放性、不确定性和多解性的特点,通常是一个迭代和优化的过程。因而需要实践者具备高度的创新能力,能够提出新颖的解决方案和策略;具备跨学科的知识储备和综合能力,能够综合运用不同学科的知识来解决问题。还需要团队协作和沟通,团队成员共同分析问题、制订解决方案、分配任务和监控进展等。更需要团队不断尝试、反馈和调整解决方案,以逐步逼近最佳结果。总之,非良构的技术与工程实践活动是一次积极应对复杂世界、提升解决真实问题能力的良机。在这个更接近现实世界的活动过程中,学生可逐步养成开放的心态和灵活的思维模式。

侧重于实际应用和解决技术问题的技术与工程实践,与侧重于理论的探索和新知识发现的科学探究,二者在课堂教学中相辅相成,共同推动学生核心素养的形成和发展。

三、小学科学课堂教学的收尾

经过展开环节后,课堂教学就进入收尾阶段。课的收尾意味着一节课到了尾声,其功能不仅是总结本节课内容,还承担着让学生巩固所学知识、促进知识内化、提升学习兴趣、增长探究实践能力的任务。俗话说得好,"编筐编篓,重在收口",我们可从以下几方面来"收"好课堂教学的"口"。

（一）回顾总结

主要是回顾本节课的知识点和探究方法,总结要点并归纳规律,帮助学生巩固所学内容。具体方法如下:

1.将一节课的知识点编成一个故事或情境,让学生在听故事的过程中回顾和巩固所学内容,使他们在轻松愉快的氛围中记住关键信息。还可以设计一个小游戏或竞赛,如快速问答、知识接龙或小组竞赛等,让学生在游戏中完成知识点的回顾和应用。

2.融入情感元素,教师可以分享自己在学习或教学过程中的经历和感受,或者引导学生思考科学学习与现实生活的联系和价值,唤起学生的情感共鸣,增强他们对科学的认同感,使他们感受到学习科学的乐趣和意义。

3.利用板书、PPT或口头总结的形式,设置互动问答,引导学生思考,通过学生的回答了解他们的掌握情况,鼓励学生提出问题或分享自己的见解,然后教师进行针对性的补充和讲解。

4.使用思维导图或概念图等图表工具,简洁明了地呈现出知识间的联系和层次结构,将所学知识进行系统化整理,使学生对本节课所学内容一目了然,便于他们将零散的知识点串联起来,构建出清晰完整的知识框架。

（二）应用迁移

将所学知识应用到实际生活中,学以致用,促进教学目标的达成。具体方法如下:

1.选取与本节课内容相关的生产、生活实例,引导学生应用课堂上学到的科学原理进行分析、讨论,加深对科学原理的理解,提高应用能力。如学习了杠杆原理后,可以引导学生观察和分析生活中哪些物品应用了杠杆原理,并让学生尝试自己设计一个简单的杠杆装置。

2.教会学生科学的观察方法,引导他们将这些方法应用到课外观察活动中。教师还可以布置一些课外观察任务,如观察植物的生长过程、动物的行为习性等,并要求学生记录观察结果并分析观察数据。

3.将课堂中的实验操作技能延伸到课外,鼓励学生自己设计实验方案并进行实验操作。教师可以提供一些实验器材和实验指导,帮助学生完成课外实验任务,并搭建让学生分享实验成果和经验的平台,让学生充分展示自己。

4.教会学生如何进行自主学习、合作学习、探究学习等,鼓励学生将习得的方法应用到其他问题的解决中,提高解决问题的能力。还可以启发学生将这些方法应用到跨学科的学习活动中,如科学与数学的结合、科学与艺术的融合等,培养跨学科学习能力,促进学生的综合素养提升。

（三）评价反馈

对学生探究实践过程中的参与度、动手能力、观察能力和创新能力等各方面表现给予回应。具体方法如下:

1.教师要肯定学生做得好的地方,指出存在的问题和不足,帮助他们明确努力方向。对于表现优秀的学生或小组,应给予适当的表扬和激励,这样可以增强学生的自信心和学习动力,同时也能在班级中形成良好的学习氛围。

2.给予学生自我评价的机会,让他们反思自己在本节课中的学习表现,思考如何更好地发挥自己的优势、弥补不足。

3.在新型师生关系的前提下,教师也可以向学生展示自己的教学工作总结,让学生进行评估,以便后续改进。

（四）课后延伸

布置与本节课内容相关、具有一定的针对性和层次性的作业和预习任务,让学习延伸到课外。具体方法如下:

1.布置一些与本节课内容相关的实践作业,如观察记录、实验操作、小制作等,让学生在实践中巩固知识、提升能力。

2.为不同的学生制订"菜单"式作业,例如,对于喜欢阅读的学生,可以提供相关的阅读材料或推荐书籍;对于喜欢动手实践的学生,可以布置相关的实验或制作任务,满足学生的个性化需求。

3.留下一个与本节课内容相关但尚未解答的问题,或提出一些开放性的新问题,激起学生的好奇心和求知欲。这种"留悬念"的方式能够促使学生在课后进行进一步的思考和探索,为后续学习做好铺垫。

4.如果下一节课的内容与本节课有关联,比如一些长周期的养殖、种植或观察活动,可以引导学生做好接续工作,有助于学生更好地衔接新旧知识,为新课学习做好准备,提高学习效率。

有效的课堂收尾工作,可以帮助学生巩固知识、激发思考、培养兴趣、提升探究实践能力,值得教师精心设计、灵活应对。

第三节　小学科学课堂教学的实施技能

要想顺利地完成一节科学课的教学任务,实现预定的教学目标,小学科学教师就必须具备有效组织开展科学课堂教学活动的能力。

一、小学科学课堂教学中的提问和理答

有人说:"教学的艺术全在于如何恰当地提出问题和巧妙地引导学生作答。"这句话说出了提问和理答在课堂教学中的重要地位。的确,课堂教学离不开提问和理答,它们是师生互动交流的基本方式,是课堂教学顺利进行的关键,是影响教学效果的主要因素。但在实际教学中却存在着不同程度的问题,比如问题琐碎,质量不高;提问过于简单或过于复杂,缺乏梯度和层次;问题类型单一,往往以记忆型问题(如"什么是……")和判断型问题(如"对不对""是不是")为主,缺乏启发性和探究性;理答形式单一或只是重复学生的问题而不做回应;等等。这些问题导致了课堂教学效果不佳。为充分发挥提问和理答的作用,接下来我们对其进行深入探讨。

(一)小学科学课堂教学中的提问

1.提问的含义和功能

提问,是指教师根据教学目标、教学内容和学生认知水平,设计并向学生提出一系列问题,引发师生互动的教学行为。

小学科学课程的性质赋予小学科学课堂教学提问特有的含义:在小学科学课堂教学过程中,教师基于教学目标和学生已有认知基础,通过精心设计问题,引导学生进行思考、回答和交流的教学动态过程。它具有以下多种功能:

·互动功能。提问可以增进师生之间的互动交流,变"一言堂"为"群言

堂",活跃课堂气氛,促进课堂的教与学。

·启思功能。提问可以集中学生的注意力,激发学习兴趣,打破学生的平静思维,引发学习动机,产生涟漪效应。

·提示功能。有针对性的提问可以提示学习重点,帮助学生理解教学主要内容,调动学生的思维活动,引导学生积极思考问题。

·反馈功能。通过一系列问题来巩固课堂教学内容,及时获取学生的学习反馈信息,以便调整教学策略,引导学生进一步探究和思考,培养学生的探究能力和创新能力。

·参与功能。提问可以培养学生的表达能力,让害羞、默然无言的学生有机会参与课堂活动,增强学生的自信心。

·诊断功能。通过提问可以了解学生的学习情况,强化学生的学习效果,评价学生的学习行为。

因此,在小学科学课堂教学中,教师应精心设计提问,以最大限度地发挥提问的教学功能。

2.有效提问的策略

高质量的提问是课堂教学有效性的重要保证。在小学科学课堂中,有效的提问不仅是激发学生好奇心、引导学生思维发展的关键,也是促进师生互动、增强课堂活力的有效手段。有效提问的策略如下:

(1)遵循教学目标设计问题

提问应服务于教学目标。问题是整堂课的核心,引领整堂课的进行,因此,提问必须要有目标性。教师要根据小学科学课程标准和具体教学内容,明确每节课的教学目标。在此基础上,设计能够直接关联这些目标的问题。问题的设计要遵循由浅入深、由易到难的原则,形成层次递进的问题链。这样既能引导学生逐步深入探究,又能满足不同学习水平学生的需求。

(2)采用多样化的提问方式

问题要能触动学生思维,因此教师可将通常只有一个答案的封闭式问题,转化为能引起广泛思考和表达的开放式问题。要提出没有固定答案、能够激发学生思维、鼓励他们自主思考和表达观点的开放式问题,如"你对这个现象有什么猜想""你觉得这个实验可以怎么改进",避免简单的是非问题,给学生充分的思维自由发挥空间。

可以利用情境式提问,如"为什么夏天吃冰棍会感到凉爽""如果我们在教室里种一棵植物,需要注意哪些条件"。结合生活实例或实验情境提出问题,让学生感受到科学无处不在。

可以是反问与追问。在学生回答后,适时进行反问或追问,如"你为什么这么认为""如果条件改变,结果会如何变化",还可以使用"谁听明白了他的观点""谁来点评一下这位同学的发言"等"转向式回应"来拓展提问的宽度,引导学生进一步思考和探究。

还可以启发学生自主发问。教师可以创设情境,激发学生的好奇心,引导学生自己发现问题、提出问题并解决问题,以拓展学生提问的空间,调动更多学生共同参与讨论。

（3）实施差异化提问

问题要面向不同层面的学生。教师要关注学生的学习习惯、兴趣爱好、思维方式等个体差异,设计适合不同学生的问题,进行差异化提问。对于基础较好的学生,可以提出一些更具挑战性的问题,激发他们的潜能;对于基础较弱的学生,则应多给予鼓励和支持,设计一些基础性的问题,帮助他们树立信心。

（4）注重反馈与评价

问题要能反映学生的真实状况。教师要鼓励学生面对提问,能够做到"人尽其言"。教师要根据学生的反馈和课堂表现,给予及时、具体的改进建议,肯定学生的正确思路,指出不足之处,并不断调整和优化提问策略,确保提问的有效性和针对性。

（5）态度亲切,语言清晰

提问的态度和语言要利于学生思考。教师提问应态度亲切自然,可用鼓励、信任的目光看向全体学生;教师的语言必须规范,不能含糊其词或模棱两可,提出的问题必须具体、明确,表达清楚,容易理解。

有效的提问策略对于提升教学质量、培养学生科学素养具有重要意义。教师应根据教学目标和学生特点,设计针对性强、形式多样的问题,确保每个学生都能在科学课堂中得到充分的关注和发展。

（二）小学科学课堂教学中的理答

1.理答的含义和类型

在课堂教学中,有问就要有答。问是教师提问,答不仅是学生回答,还有学生回答后教师的理答。理答,即教师在学生回答问题后的反应和处理,是课堂问答的重要组成部分。它不仅是一种教学行为,还是反映课堂教学对话质量的重要指标之一,更是一门教学艺术。

课堂理答的类型多种多样,根据不同的分类标准可以划分为不同的类型。比如,根据性质可以分为肯定性理答、否定性理答、激励性理答等;根据方式可以分为直接理答、间接理答、追问理答等。教学中无论采用哪一种类型的理答,教师都应该以促进学生发展为目标,遵循尊重学生、鼓励为主、公平公正等基本原则,营造出积极、和谐、民主的课堂氛围,让每个学生都能在课堂上得到充分的发展。

2.有效理答建议

(1)明确理答目的。教师要明确理答不仅仅是对学生答案的简单肯定或否定,重要的是要知道理答是为了引导学生进行深入思考、巩固知识、纠正错误、激发其探究欲望。因此要避免出现"很好""非常好"这样单一的理答方式,或听完学生的回答后态度不明,既不肯定,也不回应学生观点。

(2)认真倾听学生的回答。理答前教师要耐心听取学生的回答,用心捕捉学生回答中的关键信息,从而准确理解学生的思路和答案,给出更有针对性的反馈。同时,倾听也是对学生的一种尊重和鼓励,能够增强学生的自信心和表达欲。因此,教师一定要注意理答的时机、语气和态度,做到不仅会问,还要会听,成为一个好的倾听者。

(3)灵活选择理答方式。每个学生都是独特的个体,他们的学习基础和认知能力存在差异,回答问题的情况自然不同。因此,教师应紧密结合教学内容和学生实际灵活选择恰当的理答方式,如直接回答、反问、追问、讨论等,通过不同的反馈和指导,达到最佳的教学效果。

心理学告诉我们,一个人处在充满安全感的氛围中时,思维会很活跃。因此在理答过程中,教师要多使用鼓励性语言,且尽量具体化。当肯定学生的想法时,用"你很有想法""你的观察很仔细"等鼓励或建议语言,能够让学生感受到教师的关注和支持,从而增强学习动力和自信心。对于需要深入理解的问题,教师可以"搭梯子"式给出进一步的提示,引导学生进行思考和探究。如"你的思路很接近,还能再详细说说吗",或"你的观点很有趣,能举个例子来说明吗",等等。即使学生回答错误,教师也应以温和、耐心的态度指出错误,并解释错误的原因,帮助学生纠正错误。

小学科学课堂教学中的恰当理答需要教师具备丰富的知识储备、敏锐的观察力和良好的沟通技巧,需要教师具备较高的教学智慧。只有这样,教师才可以有效地提高理答的质量和效果,促进学生的全面发展。

二、小学科学课堂教学中的活动指导

小学科学课堂教学的活动类型丰富多样。讲授、实验、观察、讨论交流、科学阅读、种植饲养、专题研究、科技制作和竞赛、情景模拟、角色扮演、科学剧、参观访问、社区实践活动、家庭科技活动等,每一种类型的活动都有其独特的目的和实施方式,极大地丰富了小学科学课堂的教学内容,也为学生提供了多样化的学习方式和体验,同样也要求教师能采用不同的活动指导方法。

(一)观察活动指导

观察是一种有目的、有计划、有系统的知觉活动,它是人类认识世界的重要途径之一。在观察过程中,人们通过感官(如眼睛、耳朵、鼻子、舌头、皮肤等)直接感知事物的外在特征、行为变化以及它们之间的关系,进而形成对事物的初步认识和理解。小学科学课堂教学中的观察活动指导要点如下:

1.明确观察目的

观察目的一定要清晰。在观察活动开始前,教师应明确告知学生观察的目的和要求,让学生知道他们需要观察什么,寻找什么。这样可以使观察过程更加有针对性和有效性。

观察目的一定要具体。将观察目的细化为具体的观察点或观察任务,如观察某种植物的生长过程、某种动物的习性等,以便学生更好地理解和执行。

尤其是进行室外观察时,一定要在学生注意力集中的环境中讲清并强调目的、要求,让学生一进入观察环境就能直奔主题。

2.指导观察方法

观察方法得当,获取的信息就会丰富。常用的观察方法有:

(1)顺序观察。引导学生按照从整体到部分、从上到下、从前到后等顺序进行观察,以培养学生的条理性和系统性。

(2)对比观察。通过对比不同事物之间的异同点,帮助学生抓住事物的本质特征。例如,在观察不同种类的树叶时,可以引导学生比较它们的形状、颜色、大小等特征。

(3)长期动态观察。对于生物的生长发育过程或自然现象的变化等,需要引导学生进行长期的动态观察。例如,观察豆芽的生长过程、月亮的圆缺变化等。

3.使用观察工具

人们利用感官对周围现象进行直接观察时,利用观察工具可以增强感官的功能,能够让我们从所观察物体中获得更多的信息。

放大镜、显微镜、望远镜等工具可以帮助我们更清晰地观察事物的细节,是基本观察工具。根据观察对象的不同选择观察工具,比如需要测量和记录相关数据时,就要使用一些特殊的观察工具,如温度计、湿度计等。

在使用观察工具之前,教师一定要示范讲解使用方法,使学生能够规范使用观察工具,避免因使用不规范影响观察结果。

4.培养观察习惯

涓涓细流汇成大海,良好习惯的养成需要日常的点滴积累。观察中,要求学生不放过任何微小的细节,养成细致观察的习惯,鼓励学生从不同角度进行观察。对于需要长期观察的对象,教师可用竺可桢等科学家的故事,激励学生持之以恒地进行观察;对于观察结果,要教学生使用观察记录表或科学日记等工具,客观、准确地记录观察到的现象和数据。观察结束后,要提醒学生及时整理观察仪器和桌面,养成整理器材的习惯。

5.分析与讨论

观察结束后,教师要组织学生进行讨论,分享他们的观察结果和感受。讨论是学生围绕科学问题相互学习、相互启发、相互补充,进一步加深对观察对象的理解,获取科学事实、形成基本科学概念的过程。同时,在讨论过程中,教师还要引导学生对观察结果进行分析和归纳,帮助他们提炼出事物的本质特征和规律。

（二）实验活动指导

实验是小学科学教学中最基本、最重要的活动类型之一,是学生根据对问题的猜想,设计实验方案,并利用一定材料组装实验模型,控制实验条件,观察实验现象,分析得出实验结论的过程。学生分组实验的成功离不开教师的精心组织与指导,指导要点如下:

1.明确实验目的和操作步骤

实验前,教师要向学生清晰阐明实验目的,确保学生理解实验的意义和重要性,让学生明确实验是"因何而做",让学生在实验活动中有意识地去搜集证据,而不是简单地在好奇心驱使下"玩"实验。在学生动手前,一要引导学生弄清实验装置与材料的使用方法,尤其使用新的实验材料时,教师要详细讲解其结构、名称,规范演示使用方法,让学生掌握基本实验技能,避免因使用实验材料失误而导致实验结果出现偏差。二要明确实验步骤和注意事项。实验步骤的确定可与实验方案的设计相结合,按照学生所处年级的不同,采取"领—扶—放"的引导策略,逐渐增加自主性,发展学生的独立思考能力。确定好实验步骤后,借助教学媒体或让学生复述等方式强化要求,确保实验成功。同时教师要指导学生填写实验记录单,提示学生做好实验记录。

2.加强小组实验的巡视指导

学生的能力、水平不同,在分组实验中出现的问题也就各不相同,教师难以在课前全面预测,这就需要教师深入学生小组进行巡视指导。巡视过程中密切关注学生的操作情况,及时解答学生的疑问,纠正错误操作,指导学生科学、准确地采集实验数据,并如实记录在实验报告中。巡视指导的同时,还应关注学生参与小组合作学习的情况,如有不在状态的学生,不仅要及时提醒本人,还要提示其他组员予以帮助,培养团队意识,最终安全、有效地完成实验任务。

3.实验后的总结与反馈

实验结束后,组织学生分析实验数据及现象。当发现异常数据时,教师要正确面对,不能视而不见。一组漂亮的数据会顺利得出科学结论,但一组异常的数据会给师生提供共同寻找数据出错原因的机会,这也是一次让学生学会用事实说话、体验科学本质、培养实事求是的科学精神的极佳时机。教师要针对学生的实验习惯和实验中的态度给予反馈,肯定他们的优点和进步,指出存在的问题和不足,并提出改进建议。同时,鼓励学生进行自我反思和总结,引导他们树立严谨的科学态度,尊重事实、尊重数据、尊重科学规律。最后要求学生在实验结束后整理实验材料,收拾桌面,养成良好的实验习惯。

（三）科学阅读活动指导

科学阅读活动是指学生通过阅读科学书籍、资料或文献,获取科学知识和信息的教学活动。1987年,美国学者尤尔提出:"阅读能力直接影响科学学习,在科学教学中,阅读也扮演着重要的角色,科学阅读能力的提升直接作用于科学成就的取得。"将科学阅读融入科学教育之中,是一种教育理念,也是一种教学策略。指导要点如下:

1.身教胜于言教

教师要以身作则,让自己成为一个热爱阅读的人。通过向学生展示自己阅读的形象和分享阅读心得,潜移默化地影响学生。在激起他们的阅读兴趣后,关注了解学生的阅读喜好，为他们推荐合适的书籍和文章。教师还要时刻关注相关领域的最新动态和研究成果，引导学生通过阅读不断学习，不断更新知识和观点，师生共同感受阅读的快乐。

2.明确阅读目标

在开始阅读之前，与学生一起设定阅读目标，明确想要从文章、书籍或资料中获取什么信息。包括了解文章的主题、掌握关键信息、带来的问题思考等，有助于学生有针对性地阅读，提高阅读效率。

3.掌握阅读方法

采取略读与精读相结合，再用阅读笔记帮助深度理解的阅读方法。首先，快速浏览文章的标题、副标题、摘要、引言、结论和图表等部分，对文章的主题和结构有一个大致的了解。查看目录或章节标题，了解书籍或资料的整体框架。在进行精读的过程中，深入文章内容，主动思考并提问。例如，作者的主要观点是什么？他（她）是如何支持这个观点的？这个信息与我已知的知识有何关联？将文章信息与已有知识联系起来，理解文章的含义和作者的意图。教会学生做阅读笔记，记录重要信息、疑问和感悟。

4.培养批判性思维

教会学生不要盲目接受作者的观点，而要学会用批判的眼光去审视。考虑作者的观点是否有足够的证据支持，是否存在偏见或局限。在阅读活动中，引导学生从不同角度思考问题，比较不同观点和论据的优劣，形成自己的见解和观点。

5.创设阅读环境

教师应与家长保持沟通，共同营造良好的阅读环境，如提供丰富的书籍资源、陪伴孩子阅读等。利用校园科普日组织阅读分享会、读书会等活动，让学生在交流和讨论中分享阅读心得和感悟，提高表达能力和沟通能力。

6.持续跟踪与反馈

科学阅读是一个持续的过程，教师要通过定期检查学生的阅读进度和阅读笔记，了解学生的阅读情况和存在的问题。根据学生的阅读情况提供个性化的指导和建议，帮助他们解决阅读中的困难和问题。阅读结束后，要带领学生对所读内容进行总结，概括出主要观点和关键信息。

以上方法的综合运用，可以有效地指导学生进行科学阅读，提高他们的阅读能力、批判性思维能力和信息处理能力。

（四）参观访问活动指导

参观访问活动是指组织学生到科技馆、博物馆、自然保护区等场所,通过实地考察、亲身体验进行学习的教学活动,是用好社会大课堂的科学教育发展新趋势,也是科学教师面临的新挑战。可从以下几方面进行活动指导:

1.明确参观访问目的

教师要明确参观访问活动的教学目标,即希望通过此次活动让学生学到哪些科学知识、获得哪些技能。为学生设定具体的观察任务和问题,让他们带着目的去参观,提高参观的针对性和有效性,避免出现走马观花的现象。

2.选择合适的参观地点

选择参观访问的地点时,要根据学生的年龄、兴趣及身体条件,最重要的是活动内容要与当前学习内容紧密相关,依此确定科技馆、博物馆、自然公园等地点,教师还应提前对参观地点进行实地考察,了解其设施、资源及安全状况。

3.制订详细的活动计划

为确保活动顺利进行,教师要制订详细的活动计划。活动计划中要有合理的参观时间,详细的参观路线,确保学生能够全面、有序地参观各个展区或景点。明确的活动流程包括集合、讲解、观察、记录、讨论等环节。

4.准备必要的物资与设备

教师要事先准备与参观访问内容有关的学习资料,如手册、地图、问题卡片等。准备必要的观察工具,如放大镜、手持显微镜、记录单、笔记本等。还要准备急救包、防晒用品等安全设备。

5.进行有效的现场指导

在参观访问活动开始前,向学生明确观察要点和注意事项,确保他们能够有针对性地观察和学习。在活动过程中,教师应适时进行讲解和介绍,必要时邀请专业人员进行讲解。提倡让学生预先准备采访提纲,以便与专业人员面对面时,能够有针对性地提问,与他们进行互动交流,解惑答疑。同时要求学生通过文字、图画、照片等多种形式记录观察结果和感受。

6.活动总结与反馈评价

活动结束后,教师的工作有三部分:首先,组织学生进行分组讨论,分享彼此的观察结果和感受,引导学生总结所学知识和收获,加深他们对科学知识的理解和记忆;其次,对学生的表现进行评价和反馈,指出做得好与不好的地方,提醒学生改进;最后,布置与参观内容相关的课后作业,如撰写观察日记、制作科学小报等,鼓励学生去参加与科学学习相关的课外活动,进一步拓宽视野。

三、小学科学课堂教学中的板书设计

板书设计是教师教学技能的重要组成部分,它体现了教师的教学风格和特点,也是衡量教师教学水平的重要指标之一。

(一)板书设计的概念及特点

板书设计是指教师在课堂教学过程中,根据教学目标和教学内容,运用文字、符号、图形等多种元素,在黑板上进行布局、构思和书写的教学手段。它不是单纯地在黑板上写字,也不是简单地罗列知识点,而是教师引导学生理解知识、构建知识体系和培养思维能力的重要途径。一个好的板书设计应该具备以下几个特点:

1.能够清晰明了地传达出本节课的教学重点、难点和关键点,使学生一目了然。

2.能够按照一定的逻辑顺序进行排列,体现出知识之间的内在联系和逻辑关系,帮助学生构建知识体系。

3.能够注重启发性和引导性,通过提问、留白、对比等方式,激发学生的思维活动。

4.能够注重美观性,通过合理的布局、工整的书写、适当的色彩搭配等,提高板书的视觉效果,吸引学生的注意力。

5.能够充分考虑师生互动的需求,为师生交流提供便利。教师可以通过板书提出问题、展示案例,引导学生参与讨论和探究,增强课堂的互动性。

因此,教师应该重视板书设计,不断提高自己的板书设计能力和水平。

(二)板书设计的原则

1.规范性。就是指书写的汉字和呈现的内容要规范。板书必须按照正确笔顺书写规范汉字,不得出现错别字、繁体字等不规范字。板书字体应保持均匀一致,大小适中。文字笔画应清晰可辨,避免模糊不清或潦草难认。此外,板面应保持干净整洁,无多余涂改或无关内容,确保信息传递准确无误。

板书内容应符合小学科学学科的规范要求,浓缩整节课的内容为一体,包括遵循学科术语的规范使用、遵循教材内容的编排顺序等。规范的板书往往也注重逻辑性和条理性,应有助于揭示教材知识结构的内在逻辑关系,使学生能够更好地理解和掌握教学内容。

2.及时性。就是指教师应根据学生的学习状态、思维活动和对教学内容的需求,适时、迅速地将科学概念、学习方法等关键信息通过板书的形式呈现给学生。板书内容应随着教学进度的推进,同步呈现,及时更新,确保与教学内容一致。教师应根据教学内容和学生的实际情况,课前规划好板书的大致框架,以便在上课过程中能够有条不紊地呈现板书。在上课过程中通过观察学生眼神、表情的反应和思维变化,灵活调整板书内容,让板书内容紧跟教学进度。如果发现学生存在疑惑或困难,应及时通过板书进行补充和解释,帮助学生澄清疑惑,充分发挥板书的教学辅助作用。

3.结构性。就是指板书设计应是一个具有清晰逻辑结构的完整系统,能够全面反映本节课的教学内容。教师应按照知识的内在逻辑关系,将板书内容划分为不同的模块或层次,重要部分放在显眼的位置(如板书中央或上方),并通过适当的标题、序号或箭头等进行标识、过渡和衔接,使板书层次分明,各部分之间形成有机的联系,使学生能够清楚、直观地看到学习内容的脉络和体系。让板书成为帮助学生理解所学知识,培养他们的系统思维和整体观念的有力工具。

（三）板书设计的常见形式

教学内容决定板书设计的形式,板书设计的形式服务于教学内容。板书设计的形式虽多种多样,但都需要以提高学生学习效率为基本出发点和落脚点。

1.图解式板书设计

图解式板书设计是利用图形、符号、箭头、线条等并配以必要的文字,以直观、形象的方式展示教学内容之间方向性、关联性或重要性的方法。这种板书设计直观清晰,能够看出教学内容之间的逻辑关系;这种板书简洁明了,没有过多繁杂的文字和图形;这种板书生动形象,融入简笔画、实物等元素,符合小学生的认知特点,便于他们理解教学内容之间的关系。

如《食物的旅行》一课的板书,就是在身体轮廓图上标注出各个消化器官的名称,用箭头表示出食物在体内的前进方向,简洁明了地展示了食物从摄入到排出身外的全过程。

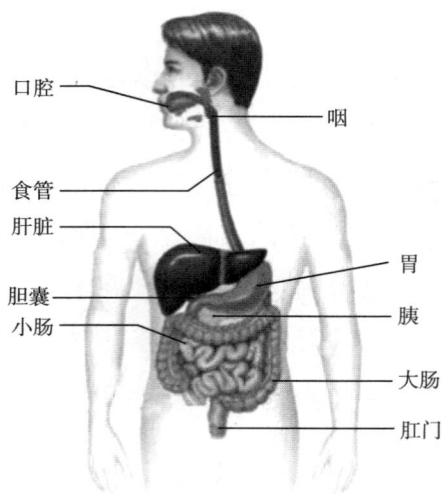

2.表格式板书设计

表格式板书设计是将教学内容的要点与彼此间的联系以表格的形式呈现出来,让复杂的信息变得简明扼要。这种设计通过列和行的划分,清晰地展示各个要素之间的关系和差异,提炼出教学内容的关键信息。对于需要对比的教学内容,表格式板书能够去除冗余,直观地展现它们之间的异同点。这种设计还便于课堂以教师设计表格让学生用自己的语言填写的方式进行,增强课堂互动。

如《导体和绝缘体》一课的板书,就是将实验检测结果以表格的形式呈现出来,很快区分出容易导电和不容易导电的物体。

容易导电的物体	不容易导电的物体
回形针	木片
钥匙	塑料片
铜丝	布
铁钉	橡皮
铝片	玻璃

3.提纲式板书设计

提纲式板书设计是依据教学内容,将要点按内在联系提纲挈领地呈现出来的方式。这种设计能直观地给学生呈现出完整的内容体系,突出教学重点,有利于学生分析概括能力的培养。如《把盐放到水里》一课的板书设计,为了让学生学会如何"控制变量",教师提炼出下面的探究过程要素,便于学生掌握要领。

```
    作出假设              制订计划           得出结论

       水温

       搅拌                改变  搅拌 — 变量

可能与  水量        有关        水温                    与
                                                    搅
       盐量          不改变      水量      不变量       拌
                                                    有
      盐颗粒大小               盐量                    关

                           盐颗粒大小
```

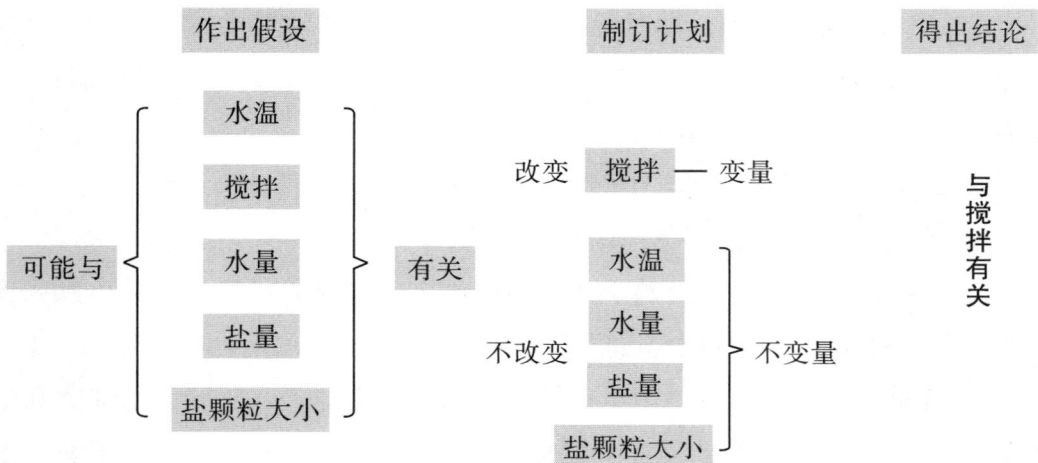

此外，还有线索流程式、核心辐射式、阶梯式等板书设计形式。不管哪一种形式，都要围绕教学目标进行，都要为教学内容服务，都要依提升学生核心素养而定。不要为了设计而设计，恰到好处的设计才是最佳的板书设计。

四、小学科学课堂教学中的即时评语

课堂上，一句触动心灵的话语能够让一个人信心倍增，也可以让一个人就此萎靡，对小学生尤其如此。为了激励学生、反馈学习情况和促进师生互动，教师要使用即时性、鼓励性和指导性的语言，这种语言就是即时评语。在小学科学课堂教学过程中，教师应充分重视即时评语的作用，为学生提供有价值的指导和鼓励。

（一）小学科学课堂教学中即时评语的含义及特点

即时评语，是指在教学过程中，教师针对学生的学习态度、方法、效果以及具体的语言、思维等学习行为，作出的即时、即兴的价值判断和语言反馈。即时评语是一个教师教学理念和教学能力等综合素质的体现，是教学顺利开展的重要保证。它的"即时性"主要体现在以下几方面：

1.反馈的迅速性。即时评语的核心在于"即时"，即在学生表现或学习行为发生后，教师能够迅速、直接地给予反馈，大大缩短了信息反馈周期，使学生能够立即了解自己的学习状况，从而及时调整学习方向，有助于学生及时纠正错误。

2.评价的实时性。即时评语贯穿课堂教学的始终，能够在学生学习过程中实时进行。无论是学生回答问题、参与讨论还是进行实验操作，教师都可以根据学生的表现给予即时评价，保证评价的及时性和针对性。

3.对学习的即时影响。即时评语的迅速和实时,能够对学生的学习产生即时的影响。正面、积极的评语能够激发学生的学习兴趣和动力,增强自信心,激励学生更加积极地参与课堂活动。

(二)小学科学课堂教学中即时评语的应用建议

1.教师的即时评语应该是真诚的,需要从多方面入手:

(1)保持眼神交流。教师与学生这种非语言的沟通方式能够让学生感受到教师的专注和真诚,使评语更具说服力。

(2)尊重个性。相信每个学生都是独一无二的个体,他们的兴趣、能力和学习方式各不相同,教师应尽量去了解每个学生,及时捕捉他们的闪光点和不足之处,以便能够"一把钥匙开一把锁"。比如,对于性格内向的学生,可以语气温和地说出鼓励性的语言,或者在课后私下进行,以免在课堂上引起学生的不适;而对于性格外向的学生,则可以直接给予肯定和指出不足。

(3)认真倾听学生的回答。这不仅体现出对学生的尊重,还可以更准确地把握学生的思路和努力程度,是确保教师给出真诚评语的前提。

(4)不要吝啬赞美。赞美需要具体而真实,不能空洞无物。比如"你的实验设计很周密,考虑到了多个变量",这样结合学生具体表现的赞美,能够让学生感受到教师对自己的认可。

(5)以建设性的方式给出反馈。应避免使用否定或批评的语言指出学生的不足,宜用"如果……就更好了"或"你可以尝试……"等句式来提出改进建议,让学生感受到教师的帮助很真诚。

(6)融入教师的真实情感,让学生感受到教师的关心和支持。比如,当学生表现出对科学的浓厚兴趣时,教师可以说:"我能感受到你的热情,相信你会在科学领域取得更大的成就。"用这种激发学生情感共鸣的表达,增强他们的学习动力。

(7)即时评语不仅仅是对学生当前表现的反馈,也是对学生未来学习的一种鼓励。教师应在评语中表达出对学生的信任,比如,"我相信你下次会做得更好"等语句能够让学生感受到教师的持续关注和期待。

2.教师的即时评语应该是具体的,可以从以下几方面进行:

(1)细化评价内容。具体到直接描述学生在课堂上的表现,如"你的观察非常仔细,注意到了气泡的细微变化"或"你的实验记录非常详细,每一步都写得很清楚";具体到学生完成的某项任务或实验的成果,如"你们组收集的实验数据很准确,实验结果非常清晰,验证了你们的假设是成立的"。

(2)强调具体优点。不要只说"你做得很好",而要具体指出好在哪里,如"你的回答很有逻辑性,能够清晰地表达自己的想法"或"你的动手能力很强,实验操作非常熟练"。如果学生的表现有进步,可以具体指出进步之处,如"与上次相比,你的实验步骤更加规范了,这是很大的进步"。

(3)给出具体的建议。在指出不足时,应针对性地给出具体的改进建议,如"如果你在实验前能更仔细地听实验步骤,可能会避免一些错误"或"你的答案基本正确,但可以尝试用更简洁的语言来表达"。还可以对学生提出具体的期望,如"期待你下次能更主动地参与课堂讨论"或"希望你在接下来的实验中能更加注重细节"。

(4)结合具体实例。可以在评语中引入学生在课堂上的具体实例,如"你观察到种子发芽的过程并做了详细记录,这种细致的观察力值得表扬"。还可以通过描述课堂上的具体情境来增强学生的记忆和感受,如"小组讨论的时候,你积极发言并提出了一个很有见地的观点,给同学们带来了启发"。

(5)使用具体数据或指标来评价学生的表现。如"你的实验数据误差低于5%,非常准确"或"你的作业完成度达到了100%,值得表扬"。但需要注意的是,小学科学课堂教学中并非所有年级、所有内容都适合量化评价,教师应根据实际情况灵活运用。

总之,即时评语作为评价体系的重要组成部分,对学生有深远的影响。它不仅影响学生的学业成绩,还深刻影响着学生的心理状态、个性发展以及未来的人生道路。教师要为之作出努力,以达到最佳评价效果。

小学科学课堂教学是科学教师领会小学科学课程理念,并施展教学才能,引领学生进行"真做、真学、真思、真得"的过程。聚沙成塔,集腋成裘,为了让学生的核心素养能够"真"形成,一定要认真上好每一节科学课。

第五章 教学评价篇

时代的发展要求我们正确认识"核心素养立意的教学评价",真正实现"以评促教、以评促学"。这样,小学科学课堂教学才能优质高效,才能培养学生在真实情境中分析和解决现实问题的能力。

第一节　小学科学教学评价概述

《基础教育课程教学改革深化行动方案》中明确指出,要"注重核心素养立意的教学评价,发挥评价的导向、诊断、反馈作用,丰富创新评价手段,注重过程性评价,实现以评促教、以评促学,促进学生全面发展"。

一、小学科学教学评价的概念

(一)评价的概念

评价是一个维度广泛、内涵丰富的概念,在不同领域和情境下有着不同的具体含义,但本质上都涉及对某一对象或现象的价值、意义、状态或性能等进行判断、衡量或评估。我们可以这样理解其概念:

评价的核心在于价值判断,即根据一定的标准或准则,采用适当的方法,对评价对象进行价值上的衡量和判断。判断可能涉及多个维度,如质量、效果、影响等。涉及的标准或准则可能是客观的,如考试成绩、产品质量标准等;也可能是主观的,如个人喜好、审美标准等。涉及的方法有问卷调查、访谈、观察、实验等。

评价过程是一个复杂的综合分析过程,通过对收集到的信息和数据进行整理、分析和比较,得出全面、客观的评价结果。

因此从广义上讲,评价是指运用一定的标准和方法,对事物的价值或状态进行判断的活动。它在教学、管理、科研等多个领域都发挥着重要作用，帮助人们了解事物的现状、发现问题、明确方向，促进改进和发展。

（二）教学评价的概念

对教学评价的概念，国内外教育界存在不同的界定。我国一些学者将教学评价默认为对教师教学工作的评价，即课堂教学评价。这种界定将教学评价的对象指向教师的"教"。它以参与教学活动的教师、学生、教学目标、教学内容、教学方法、教学设备、教学场地和时间等因素的有机组合的过程和结果为评价对象，通过课堂观察、教学资料分析、学生反馈等多种方式，对教师的教学工作进行全面的评估。这种界定主要关注教师的教学能力、教学态度、教学方法以及教学效果等方面。

有国外学者指出，教学评价是指教师将获得的信息数据加以选择、组织、解释，并对学生作出决定或价值判断的过程。该界定将教学评价的对象指向学生的"学"，主要关注学生的学习成果、学习态度、学习能力以及学习方法等。

实际上，学生的学业成就评价是教学评价中最基本、最核心的活动，教师的"教"与学生的"学"密不可分，共同构成教学评价的基本对象。评价教师的"教"一定离不开学生的"学"，评价教师的教学工作也是以学生的学业成就评价为基础和前提的。

据此可以这样认为，教学评价是依据教学目标，通过对教学过程及结果系统地收集和分析信息后，进行客观衡量和价值判断，并为教学决策服务的活动。简单地说，就是对教学活动质量所做的测量、分析和评定，其核心是为教学实践提供指导和反馈。

（三）小学科学教学评价的概念

科学课程评价的目的是掌握和分析学生的科学学科核心素养发展状况，以达成课程培养目标。《义务教育科学课程标准（2022年版）》要求："以课程目标和学业质量为依据，构建素养导向的综合评价体系，发挥评价与考试的导向功能、诊断功能和教学改进功能。"

2022年版课标中所涉及的评价是指对学生在科学课程学习过程中的过程性评价和学业水平考试，明确了小学科学教学评价是基于核心素养的学习评价，是依据科学课程目标，对科学课程的教学过程及其结果进行价值判断，并为教学决策服务的活动。

二、小学科学教学评价的类型

（一）教学评价的类型

根据不同的分类标准，教学评价可以分为多种类型。

1.按照功能和运行时间的不同，可分为诊断性评价、形成性评价、总结性评价

（1）诊断性评价又称教学前评价或前置评价，是教学活动开始前，对学生已有的知识及能力发展水平进行的评价。目的是了解学生的学习准备状况及影响学习的因素，如前概念水平、常规习惯等，同时也能鉴定学生的学习准备程度，以便采取相应措施。一般在学期初、单元教学前进行。

（2）形成性评价又称过程性评价，是在教学过程中为改进和完善教学活动而进行的对学生学习过程及结果的评价。目的是通过在教学过程中持续观察、记录和分析学生的学习表现，教师随时了解学生的学习状况，及时调整教学策略，促进学生的学习进步，为后续学习奠定基础。一般伴随着教学活动的进程，以课堂评价、作业批改、成长记录袋等形式进行。

（3）总结性评价又称事后评价或终结性评价，是在一个大的学习阶段、一个学期或一门课程结束时对学生学习结果的评价。目的是全面考查学生对所学知识的掌握程度和应用能力，了解学生掌握知识、技能的程度和能力水平以及达到教学目标的程度，确定学生在后续教学活动中的学习起点，为制订新的教学目标提供依据。一般在期中、期末、结业时进行。

2.按照运用价值标准的不同，可分为相对性评价、绝对性评价、个体内差异评价

（1）相对性评价又称常模参照性评价，是运用常模参照性测验对学生的学习成绩进行的评价。常模参照性评价是以学生所处团体的平均成绩或团体中的常模作为参照标准，把学生个体的学习成绩与常模相比较，根据学生在该班中的相对位置和名次，确定他的学习成绩在该班中是属于"优"、"中"还是"差"。这种评价的特点是甄选性强，可以作为选拔人才、分类排队的依据，但不能表现出学生的真正水平，不能表明该生是否达到了学业特定的标准。

（2）绝对性评价又称目标参照性评价，是运用目标参照性测验对学生的学习成绩进行的评价。目标参照性评价是在被评价对象的集合以外确定一个客观标准，将评价对象与这一客观标准相比较，以判断其达到标准的程度。这种

评价的特点是可以衡量学生的实际水平,了解学生对知识、技能的掌握情况,它关注的是学生掌握了什么、能做什么或没掌握什么、不能做什么,适用于毕业考试和合格性考试。

(3)个体内差异评价是对被评价者的过去和现在进行比较,或将评价对象的不同方面进行比较的评价。通过对评价对象自身在不同时间或不同方面的表现进行比较,来评估其学习进步与否,这种评价的特点是注重评价对象的个体差异和发展变化,有助于全面了解学生的学习情况。

3.按照评价主体的不同,可分为外部评价和内部评价

(1)外部评价也称他人评价,是指由被评价人之外的其他人(如专家、领导、同事、学生等)对被评价人所进行的评价,具有客观性、公正性、权威性,能够提供多方面的反馈和建议的特点。

(2)内部评价也称自我评价,是指由课程设计者或使用者自己实施的评价,具有能够深入了解课程设计者的意图和教学目标的实现情况,但可能存在一定的主观性和局限性的特点。

4.按照评价方法的不同,可分为定性评价和定量评价

(1)定性评价是对评价材料做"质"的分析,运用分析与综合、比较与分类、归纳与演绎等逻辑分析的方法,对评价所获得的数据、资料进行思维加工。定性评价具有注重评价对象的内在属性和特征,能够提供深入的理解和描述的特点。

(2)定量评价是对评价材料做"量"的分析,运用数理统计、多元分析等数学方法,从纷繁复杂的评价数据中提取出规律性的结论。定量评价具有客观性和精确性,能够量化评价对象的表现和成果的特点。

此外,还可以根据评价内容的不同,分为对人、事、物等的评价。这些不同类型的评价在教学过程中发挥着不同的作用,综合运用不同类型的评价,可以全面、准确地了解学生的学习情况,提高教学质量。

(二)小学科学教学评价的类型

1.依据不同的维度,小学科学教学评价可分为不同的类型

(1)按评价主体划分,可分为教师评价、学生自评、同伴互评、家长评价

教师评价是教师作为教学活动的组织者和指导者,通过观察、测试、作业检查等方式,对学生的科学学习进行评价。教师评价注重学生的学习成果和过程表现,能够为学生提供有针对性的反馈和指导。

学生自评是学生本人根据学习目标和评价标准,对自己的科学学习进行自我反思和评价。自评能够培养学生的自我认知能力和自主学习能力,帮助学生明确自己的优点和不足,制订改进计划。

同伴互评是在小组学习或合作活动中,学生之间相互评价对方的学习表现。同伴互评能够促进学生之间的交流和合作,提高学生的批判性思维和评价能力。

家长评价是家长通过参与孩子的科学学习,观察孩子的学习态度和进步情况,给予评价和建议。家长评价能够加强家校合作,共同促进学生的科学学习。

(2)按评价内容划分,可分为科学知识评价、科学思维评价、探究实践评价、科学态度评价

科学知识评价,主要评价学生对科学概念、原理、规律等知识的掌握情况。评价内容包括学生对基本概念的理解、对科学原理的掌握以及运用科学知识解决问题的能力。

科学思维评价,评价学生对比较与分类等基本思维方法的掌握情况。评价内容包括初步的模型理解和建构能力、推理和论证能力、创新思维能力以及在科学领域的具体运用能力。

探究实践评价,重点评价学生的科学探究能力和技术与工程实践能力。评价内容包括学生提出问题、解决问题等科学探究过程和技术与工程实践过程中的表现。

科学态度评价,评价学生对科学的态度、情感和价值观。评价内容包括学生对科学的兴趣、好奇心、探究精神、实事求是的科学态度以及尊重科学事实、尊重他人观点等科学品质。

(3)按评价方法划分,可分为观察法、测验法、项目评价法、档案袋评价法

观察法是教师直接观察学生的学习行为、实验操作、小组讨论等表现而进行的评价。

测验法是通过书面测验、口头测验等方式,检验学生对科学知识的掌握情况和运用能力。

项目评价法是通过学生完成科学项目或实验的情况,评价学生的科学探究能力、创新思维和实践能力。

档案袋评价法是收集学生的学习成果、作品、反思等,形成学生的成长档案袋,进行综合评价。

此外,还有在教学活动开始之前进行的诊断性评价,在教学过程中进行的

过程性评价(形成性评价),以及在一个阶段的学习结束后进行的终结性评价(总结性评价)。

这些不同类型的评价相互补充、相互支持,共同构成了小学科学教学评价的完整体系。

2.小学科学的过程性评价的特点

《义务教育科学课程标准(2022年版)》要求"小学阶段尤其要重视过程性评价",由此表明小学科学教学评价要更多地使用过程性评价。与其他形式的教学评价相比,过程性评价将评价贯穿于教学的全过程,关注学生的学习过程、学习方法和学习态度,以及在学习过程中所形成的各种能力和素养,更加注重学生的全面发展和长远发展,从而落实立德树人根本任务,是核心素养立意下的教学评价方式。它具有以下特点:

(1)评价内容具有全面性。评价内容不仅关注学生对基础知识的掌握程度,还关注学生的思维能力、创新能力、实践能力、情感态度和价值观等多方面的素养。这些素养是学生全面发展的重要组成部分,也是未来社会所需人才的核心素养。

(2)评价方式具有多样性。除了传统的纸笔测试外,还包括口头表达、实践操作、作品展示、项目评价等多种评价方式。这些评价方式能够全面地反映学生的学习情况和能力水平,有助于教师更准确地了解学生的学习需求和问题所在。

(3)评价主体具有多元性。除了教师作为主要的评价者外,学生、家长以及社会成员等也可以参与到评价过程中。这种多元性的评价主体有助于形成更加客观、公正的评价结果,同时也能够增强学生的自我评价和反思能力。

(4)评价结果具有反馈性。评价结果不仅可用于对学生学习情况的总结和评价,更重要的是可用于指导教师的教学和学生的学习。通过评价结果的反馈,教师可以了解学生的学习成效和存在的问题,及时调整教学策略和方法;学生可以了解自己的学习情况和进步方向,明确努力目标。这种反馈机制有助于促进教学相长,提高教育教学质量。

三、小学科学教学评价的功能

作为小学科学课堂教学的"指挥棒",教学评价具有以下功能:

1.导向功能

小学科学教学评价是指向教学目标的辅助手段,通过设立明确的评价指标和标准,引导教学活动朝着既定的教育目标前进。它如同一个指南针,为教学活动指明了方向。教学评价不仅关注学生科学观念的形成,还重视学生的科学思维、探究实践和态度责任等方面的培养。同时,此项功能有助于教师明确教学目标,促使教师将科学素养的培养贯穿于整个教学过程,避免偏离课程育人方向。

2.诊断功能

小学科学教学评价活动类似于医生对患者的诊断过程,意在发现教学中的"病症"所在。通过对教学结果的监测,了解教学各方面的情况,获取教学有效性证据。通过对学生的学习状况、教师的教学效果以及教学环境等教学因素进行全面、深入的分析,判断其成效和存在的问题。此项功能可以帮助教师及时发现教学中存在的问题和不足,为后续的教学改进提供依据和方向。

3.教学改进功能

该功能是指通过教学评价获得对教学过程的全面、客观评估后,根据反馈信息提出一系列改进措施,从而优化教学过程,有效开展教学活动。通过评价活动,教师可以不断审视自己的教学过程和效果,及时发现并纠正问题,形成持续改进的良性循环机制。此项功能有助于教师不断提升自己的教学能力和水平,最终推动小学科学课堂教学的整体发展。

小学科学教学评价中的导向功能、诊断功能与教学改进功能之间存在着紧密且相互关联的关系。三者在教学评价中相互依存、密不可分。导向功能为教学活动提供明确的方向和目标;诊断功能则通过分析和评估教学结果及其成因,发现教学中存在的问题和不足;教学改进功能则针对这些问题提出具体的改进措施和方法,以推动教学质量的不断提升。三者之间还存在着相互促进的关系。导向功能的明确性有助于诊断功能的深入实施,诊断功能的准确性则为教学改进功能的发挥提供了有力支持,同时,教学改进功能的实现又进一步验证了导向功能的合理性和有效性,从而形成了一个良性循环。它们共同作用于教学活动之中,为提升教学质量、促进学生发展提供有力保障。

第二节　小学科学教学活动主要环节的评价

教学活动的环节很多,教学评价本身包含的范围比较广。为全面、准确、科学地进行评价,促进学生核心素养的全面发展,回应"培养什么样人"的问题,

《义务教育科学课程标准(2022年版)》给出建议:应重点关注课堂评价、作业评价,以及单元与期末评价。

一、小学科学教学活动主要环节的评价原则

(一)方向性原则

教学评价应坚持正确的方向,即教学评价的目标、内容、方法和标准等都要指向学科核心素养的国家要求,要符合小学科学课程标准的要求。确保教学评价的正确导向性,使评价能够服务于教学质量的提升和学生科学学科核心素养的培养。

(二)科学性原则

教学评价必须遵循教育教学的科学规律,采用科学的方法和手段进行评价。这包括评价内容的科学性、评价标准的科学性以及评价方法的科学性。评价内容应全面反映学生的科学素养,包括科学知识、科学技能、科学方法和科学态度等方面;评价标准应客观、公正、合理,能够准确反映学生的实际水平;评价方法应多样化,包括观察法、实验法、测验法、问卷调查法等,以全面、准确地收集评价信息。

(三)全面性原则

教学评价应关注学生的全面发展,不仅要评价学生的科学知识掌握情况,还要评价学生的科学技能、科学方法、科学态度和科学精神等方面的素养。评价内容要全面,评价方法要多样,以确保评价结果的全面性和准确性。同时,全面性原则也要求教学评价面向全体学生,关注每一个学生的成长和发展。

(四)教育性原则

教学评价应具有教育性,即评价活动本身应成为促进学生科学素养提升的重要手段。评价者要关注学生的个体差异和发展需求,通过评价活动激发学生的学习兴趣和动力,促进学生的自主学习和合作学习。同时,评价者还要注重评价结果的反馈和利用,通过分析和反思评价结果,不断改进教学方法和手段,提高教学效果和质量。

(五)主体多元性原则

教学评价的主体应多元化,包括教师、学生、家长以及社会等各个方面。要充分考虑不同评价主体的意见和建议,形成多元的评价视角和评价体系。同时,主体多元性原则也要求评价者尊重学生的主体地位和个性差异,鼓励学生

积极参与评价活动,通过自我评价和相互评价等方式提高学生的自我认知能力和评价能力。

(六)激励性原则

教学评价应具有激励性,即评价活动应能够激发学生的积极性和创造力。这一原则要求评价者关注学生的优点和长处,通过积极的评价和鼓励激发学生的学习兴趣,增强学生的自信心。同时,评价者还要注重评价结果的正面导向作用,通过对评价结果的反馈和利用来引导学生不断进步和发展。

二、小学科学教学活动主要环节的评价实施

(一)小学科学课堂教学评价的实施

1.小学科学课堂教学评价的特点

小学科学课堂教学评价是一种在学生学习过程中进行的过程性评价。具有如下特点:

(1)基于课程标准

小学科学课堂教学评价紧紧围绕课程标准进行,所涉及的评价内容、目标和过程方法等,都与课程标准要求一致。

(2)促进教师和学生共同发展

小学科学课堂教学评价以提升教学质量、促进学生科学素养发展和教师专业发展为宗旨,评价对象既可以是学生,也可以是科学教师,既关注学生的学习情况,也关注教师的教学行为,实现师生共同进步。

(3)注重过程与结果

小学科学课堂教学评价贯穿于整个教学过程,重视学生的学习过程和学习结果,重视教师教的过程,同时还要评价教师、学生与课堂环境所构成的教学统一体。

(4)强调评价主体多元化

小学科学课堂教学评价的主体可以是教师,也可以是学生、家长以及教学管理者等其他人员或机构,务求从多个角度全面评价教师的教与学生的学的情况。

(5)倡导评价方法多样化

小学科学课堂教学评价可以采用纸笔测试、课堂观察、描述记录、档案袋评价、项目评价等多种方式方法,综合反映课堂教学情况。

2.小学科学课堂教学评价的方法

（1）构建课堂教学评价指标体系

开展小学科学课堂教学评价，一般来说有两方面的目的：一是评价教师的教学能力或课堂教学质量，促进教师专业发展；二是评价学生的科学素养，促进学生全面发展。

为确保评价的科学性、全面性和可操作性，需要统一教师的教与学生的学，构建一个小学科学课堂教学评价指标体系。

①要明确小学科学课堂教学评价的目标，即评价什么、为什么评价以及评价的结果如何用于指导教学实践。

②要基于评价目标设计评价维度，可以从专业素养、教学能力、教学方法以及对学生学习过程的引导和支持等多方面设计教师教学行为的评价维度，可以从知识掌握、创新思维、科学探究及实践能力等维度设计学生的学习评价指标体系。在每个评价维度下，需要进一步细化具体的评价指标，如知识掌握这个维度，可以细化到学生对科学概念、原理的理解程度，对科学知识的记忆和应用能力等。

③确定评价方式和工具。根据细化后的评价指标，选择合适的评价方式和工具。评价方式包括观察、提问、测试、作业、实验报告、项目展示等多种形式。评价工具可以选择问卷、量表、观察记录表等。通过多种评价方式和工具获取反馈信息。

④实施评价并反馈结果。按照评价指标体系实施评价，及时收集评价数据和信息。评价结束后，对评价结果进行整理和分析，形成评价报告或反馈意见。将评价结果及时反馈给教师、学生，以便他们据此调整教学策略和学习方法。

⑤持续改进和完善。评价指标体系不是一成不变的，需要根据教学实践和反馈意见进行持续改进和完善。可以定期召开评价研讨会，邀请专家、教师、学生和家长共同参与讨论，提出改进意见和建议。同时，也要关注国内外小学科学教育的发展趋势和最新研究成果，及时更新和完善评价指标体系。

（2）量化评价与质性评价相结合

量化评价是一种通过将评价对象（教师、学生）的表现或成果转化为可量化的数据或指标，进而进行客观、准确的评价和比较的评价方法。其最显著的优点是以事实和数据为基础，使评价结果客观、可信，具有较强的说服力。但却容易导致教师只从形式上追求评价指标所要求的行为，而忽视评价过程中的学生思维状态等细节变化,对教学的复杂性和情境性缺乏深层次的思考。

与量化评价不同,质性评价不依赖于精确的数据和统计方法,而是通过文字、图片等描述性手段,全面充分地揭示和描述评价对象的各种特质,是一种以非量化的评语、记录、量规等描述性材料为依据得出结论的评价方法。

鉴于量化评价和质性评价的特点,在评价中可以将两者有机结合,以便为评价者提供更全面、深入和科学的评价结果。操作的关键点如下:

①明确评价目的与标准

量化评价侧重于通过数值来衡量和比较,而质性评价则注重内在本质和特性。在评价开始前,应清晰地界定评价的目的、对象和范围,并据此确定量化指标和质性评价的内容,确保两者在评价目的和标准上保持一致。

②设计综合评价体系

根据评价目的和标准,设计具有代表性和可操作性的量化指标。这些指标应能够客观、准确地反映评价对象的某些关键特征或表现。

在量化指标的基础上,增加质性评价的内容,如对学生学习过程的描述、对教师教学风格的观察等。这些内容应能够深入揭示评价对象的内部机制、影响因素和潜在问题。

根据评价目的和重要性,合理分配量化指标和质性评价内容的权重。权重分配应体现评价的重点和关注点,确保评价结果的全面性和科学性。

③实施评价过程

在评价过程中,先采用多种方法收集量化数据和质性资料。量化数据可以通过问卷调查、考试成绩等方式获得,质性资料则可以通过访谈、观察记录、案例分析等方法收集。

对收集到的量化数据进行统计分析,得出客观的评价结果;对质性资料进行整理和分析,提炼出有价值的信息和见解。分析时应关注量化数据和质性资料之间的关联性和互补性。

最后将量化评价结果与质性评价内容相结合,形成综合评价报告,报告应既包含客观的数据支持,又包含深入的质性描述,以全面反映评价对象的特点和表现,为教师发展和课堂教学改进提供具体、有效的依据。

④注意事项

在评价过程中应避免只关注量化数据或只重视质性描述的现象,确保评价的全面性和客观性。应尊重作为评价对象的教师与学生的个体差异和多样性,避免用统一的标准来衡量所有对象。在进行深入了解和分析时,应关注他们的行为表现、情感体验等方面的独有信息。

我们可以从表一、表二中体会科学课堂教学评价指标体系的全面考量。

表一:科学课程课堂教学——学生学习行为评价表		
教材版本:_____　第___单元　第___课　课　　题:_____ 学　　校:_____　班　　级:_____　学 生 数:_____ 任课教师:_____　观 察 者:_____　观察日期:_____		
评价指标	评价标准	关键指标的评分 1　2　3　4　5
课前准备	1.课前预习充分。 2.教材、学具摆放整齐。 3.精神状态饱满,对科学课有兴趣和期待。	
课堂活动	1.积极参与小组活动,能与组员友好交流,合作完成,共同学习,小组活动有序,完成效率高。 2.认真倾听老师和同学的发言,积极回答问题。 3.能勇敢提出问题,大胆质疑和假设,并能有理有据地说出自己的见解。 4.明确活动要求和操作方法,能规范操作并能如实记录数据。 5.完成操作活动后对实验进行过程性反思,发现问题能予以调整。	
课堂学习 自主性	1.能自愿积极参与科学实践活动。 2.能及时发现问题并记录,填写好实验记录单。 3.对探究性问题能主动在小组内展开讨论。 4.在学习活动中遇到问题能主动询问老师。 5.自主学习的投入度高,能按时完成任务,使学习真正发生。	

续表

评价指标	评价标准	关键指标的评分 1 2 3 4 5
课堂积极 思考	1.对于教师提出的问题能积极思考,大胆猜测。 2.能对实践活动中产生的现象进行思考。 3.深入思考,由现象看本质,探究现象背后的原因。 4.仔细思考他人说的话,取长补短。	
学习目标 达成	1.学习并掌握本节课所学内容,理解相关概念及原理。 2.在解决真实问题的过程中锻炼思维方式,掌握解决问题的方式方法。 3.真正动手做实验,提升实践能力和自主学习能力。 4.热爱科学,热爱学习,态度严谨,实事求是,尊重他人,乐于分享合作。	
知识的迁 移和应用	1.能运用已经掌握的解决问题的方法,解决新问题。 2.明确解决问题的思路,并能迁移解决类似问题。	

综合得分	等级	A(30～24 分)	B(23～18 分)	C(17～12 分)	D(11 分及以下)
评价结果 及评语					

表二:科学课程课堂教学——教师教学行为评价表

教材版本:_____   第____单元 第____课   课　　题:_____
学　　校:_____   班　　级:_____   学 生 数:_____
任课教师:_____   观 察 者:_____   观 察 日 期:_____

评价指标	评价标准	关键指标的评分 1 2 3 4 5
教学目标	1.教学目标以课标涉及的核心概念为导向,培养学生的核心素养,落实立德树人根本任务。 2.教学目标符合学生的年龄及心理特征、认知能力和语言能力,有利于学生的再发展。 3.教学目标定位准确,表述清晰规范。 4.教学目标应是导学、导教和可测的。	

评价指标	评价标准	关键指标的评分
		1　2　3　4　5
教学内容	1.整合教材内容,拓展和开发的教学资源对达成教学目标是充分且丰富的。 2.教学内容的容量和难度适合学生的认知发展水平,有可理解的输入和输出。 3.教学内容需有一定的信息量,重要且有意义,使学生保持学习兴趣,提高学习积极性。 4.教学活动内容丰富有趣,有利于提升学生学习的兴趣。 5.教学活动设计形式多样,基于真实情境创设,利于学生共同参与。 6.与科学的其他领域、其他学科或真实情境进行适当联结。 7.练习和作业设计针对性强,形式多样,容量和难度适中。	
教学方法	1.科学地采用灵活多样的教学方法,方法要符合学生的认知水平和语言能力。 2.教学方法突显学生的主体地位,形成良好的学习策略。 3.选择有利于提高教学水平的各种教育技术及辅助教学手段。 4.创设让学生产生观点冲突和不同观点的情境,提升学生的思辨能力。 5.在实验探究环节及时发现学生的问题,并有针对性地指导。 6.所提问题是否能启发学生进一步思考。 7.能根据课堂情况灵活调整和回应证据。	

评价指标	评价标准	关键指标的评分 1 2 3 4 5
教学实施	1.教学设计实施过程完整,重点突出,实现有效培养学生学科核心素养的课程目标。 2.教学步骤清晰,层次分明,循序渐进,顺利实施各个环节。 3.基于学生的真实生活为学生创设情境,能站在学生的视角,全方位调动学生参与学习活动,真正做到"以生为本"。 4.关注学生学习的过程、状态、体验、能力,并向生活延伸,让学习真正发生。 5.课堂教学结构完整,合理分配教学时间,能把握好教学节奏。 6.师生之间能进行有效互动,无多余的提问和与课堂无关的话题,教师指令清晰,要求明确。 7.工具与资源运用恰当,指导充分,教学方法、策略有效。	
教学效果	1.学生能够真正积极思考,动手操作,合作交流,主动学习和分享。 2.学生在获取知识的同时发展科学思维,增强实践操作能力,锻炼语言表达能力。 3.学会迁移应用,在涉及科学的真实生活中能体现出创造或应用技术、概念的能力。 4.学生达到教学目标中各项预设的学习目标,达成度高。 5.教学相长,体现公平,师生、生生关系和谐,学生自信。	
教学评价	1.关注生成,反馈及时,评价清晰,准确适当,具有激励性和启发性。 2.评价内容合理,具有有效性和针对性。 3.评价方式方法多样,有利于提高学生的积极性,增强求知欲。	

续表

评价指标	评价标准	关键指标的评分 1　2　3　4　5
教师素养	1.语言规范,语音、语调标准。 2.教态亲切、自然,有感染力。 3.教学基本功扎实,能有效组织、管理课堂和调控学生学习氛围。	
综合得分	等级　A(35～28分)　B(27～21分)　C(20～14分)　D(13分及以下)	
评价结果及评语	(优点、教学特色与创新、改进建议)	

（3）提倡个性化的评价标准

通常情况下,科学课堂教学评价的标准基本统一,有利于教师之间的相互交流和学习。但每位教师都有自己独特的教学风格和教学魅力,每个人的课堂教学活动必然是与众不同的,这就要求科学课堂教学的评价标准要具有灵活性。一方面教师可以根据学生的个体差异和学习特点,制订个性化的评价标准,体现教师对学生个性化发展的关注;另一方面,对不同的教师可以灵活改变评价标准,体现对教师个性化教学风格的支持,充分体现评价对教学的支持作用。

（二）小学科学作业评价的实施

1.小学科学作业评价的原则

作业评价是针对学生作业开展的评价。《义务教育科学课程标准(2022年版)》指出,"作业对学生巩固知识、形成能力、培养习惯,以及对教师检测教学效果、精准分析学情、改进教学方法,具有重要价值",并且要求作业评价做到"难度要体现适切性、形式要体现多样性"。为了能体现作业的价值,充分发挥它的评价功能,可遵循以下原则进行小学科学作业的评价:

（1）整体性原则

从课程整体着眼,评价内容框架涵盖学生科学学习的多个方面,不仅要评价学生对科学知识的掌握程度,还要评价他们的思维方法、探究实践技能、科学态度以及在解决现实问题中的真实表现。

（2）科学性原则

评价应遵循科学规律和教育原理，要客观公正，避免主观臆断和偏见的影响。评价方法要科学，如检查学生作业中科学概念是否正确，是否能细致观察并准确记录实验现象，能否提出新颖的假设或解决方案，实验设计是否合理，以及数据收集和分析是否科学，在团队合作完成作业中的团队协作能力和贡献等指标，准确评估学生的科学学习成果和能力发展。

（3）发展性原则

评价要关注学生的潜能发展。关注学生个体的学习过程、努力程度和发展趋势，而不是简单地判定对错、划分优劣；注重发现学生的潜力，培养他们的创造力；要用发展的眼光看待每一个学生，重视学生在完成作业过程中的思考和学习过程，而非仅仅关注结果。

（4）激励性原则

应以正面激励为主，肯定学生的努力和进步，增强学生的学习动力和自信心。比如经常性地展示优秀作业，尤其是一些长周期的实验、种植、养殖作业，表扬、鼓励学生的实践能力和科学精神，让学生感受到被肯定的喜悦和成就感，激励他们继续努力。

（5）可操作性原则

评价活动必须简便易行。烦琐的准备和复杂的环节将极大地消耗教师的精力，影响评价的效率和质量。要充分考虑评价方法和标准的可操作性和实用性，便于教师和学生操作，确保评价活动能够顺利进行并取得预期效果。

2.小学科学作业评价的方法

小学科学作业的评价方法不仅要能够考查学业成就，还要能够全面、客观地反映学生的学习情况，促进学生的全面发展。一般有以下几种方法：

（1）观察

通过直接观察学生在完成作业过程中的表现，包括实验操作技能、观察能力、记录数据的准确性、对问题的理解深度以及解决问题的创新性等方面的观察，对学生进行评价。

（2）成果展示

教师可以根据学生展示的作业成果，如实验报告、手工作品、科学小论文等，从作业的完成度、创意、科学性、表达清晰度等方面进行评价。

（3）自我反思

鼓励学生完成作业后进行自我反思，评价自己在作业中的表现，包括哪些方面做得好，哪些方面还需要改进，培养自我评估和自我提升的能力。

（4）同伴评价

通过小组合作或小组竞赛的形式，让学生相互评价作业。这样，不仅可以培养学生的合作精神和竞争意识，还能让他们从他人的角度看到自己的优点和不足。

（5）标准参照评价法

根据预设的学习目标和评价标准来评价学生的作业。这种方法需要教师在课前明确学习目标，并制订相应的评价标准，以便评价时有所依据。

（6）形成性评价法

教师在整个学习过程中，不断收集学生的作业信息，进行持续性的评价。这样有助于教师了解学生的学习进展和存在的问题，以便及时调整教学策略，帮助学生更好地掌握科学知识。

（7）量化评价与质性评价相结合

在评价过程中，既要关注作业的数量和正确性（量化评价），也要关注作业的质量、创意和表达（质性评价），这样可以更全面地评价学生的综合能力和科学素养。

（三）小学科学单元与期末评价的实施

单元评价是诊断学生一个单元的学习情况，期末评价则是诊断学生一个学期的学习情况，它们都是阶段性评价。我们可以这样认为，当评价学生一个阶段学习时，这种阶段性评价是一种终结性评价；当评价学生小学阶段中的某一个阶段时，这种阶段性评价又是形成性评价。因此，单元与期末评价对于学生发展来讲是阶段性的"小目标"与"大目标"。这种阶段性评价不仅要关注学生对知识与技能的掌握情况，还要关注学生在阶段学习过程中良好的思维方式、团队合作能力、学习习惯等方面的养成和发展。

1.小学科学阶段性评价的特点

小学科学阶段性评价的特点体现在多个方面，主要有：

（1）目标导向

发挥评价的导向、诊断和教学改进功能，评价任务始终贯穿教学目标的确立、实施、达成与展示的全过程，形成"教—学—评"一体化的教学设计与实施闭环;评价体系涉及课前诊断、课堂教学、作业设计、单元评价等课程实施的各个环节。

（2）监控全程

在目标实施阶段,通过嵌入整个过程的评价,监控阶段性目标达成效果,全面反映学生在科学知识、科学思维、探究实践能力、科学态度与价值观等方面的表现;通过评价明确学生在学习过程中遇到的问题,及时调整教学,并将有关信息反馈给学生,帮助学生建构科学的认知。

（3）多维评价

评价内容涵盖科学观念、科学思维、探究实践、态度责任等多个维度;评价方式多样,包括纸笔测试、实验操作、作品展示、调查报告、中长期研究、观察记录、媒体成果等;评价主体不仅包括教师,还鼓励学生、家长、学校共同参与教学评价;交互和多元化的表现性评价,为学生提供相互学习和相互评价的机会。避免学生与学生之间的简单比较,通过定制化的评价方案和个性化的学习指导,帮助每个学生实现最佳发展。

（4）反馈与改进

在目标达成阶段,通过编制评价量表,详细规定各项评价指标或等级描述,实施指向效果分析的表现性评价或整体性评价,在评价中达到分析、反馈、改进的目的。评价结果用于判断整体目标的达成情况,为后续学习和教学提供依据。

（5）持续与动态

通过日常观察、问卷调查、小组讨论、运用现代教育技术手段（如移动平台、大数据分析等）等多种方式收集和分析数据,对学生的学习过程持续监控和动态调整,提高评价效率,及时了解学生的学习状态和需求。

上述这些特点共同构成了一个全面、多维度、有效的评价体系,为促进学生科学素养的发展提供了有力保障。

2.小学科学阶段性评价的方式

像单元评价和期末评价这种阶段性评价,可采取纸笔测试、档案袋评价、表现性评价等多种方式。

（1）纸笔测试

纸笔测试也称书面测试,是指在一定时间内,以书面回答形式完成包括填空题、选择题、简答题、论述题等多种题型在内的试题,是用来评估学生知识与能力水平的一种评价方式。

①小学科学纸笔测试的特点

小学科学纸笔测试是一种重要而有效的评价方式。它可以根据教学进度和需要灵活安排课时测试、单元测试、期中(末)测试等考试形式;它采用标准化的试题和评分标准,能够客观、准确地反映学生的科学学习成果;它比其他评价方式(如实验操作、现场观察等)操作简便,可同时大规模实施;等等。

但其局限性也很明显,纸笔测试一般可以检测出学生对科学知识的掌握情况,却难以全面考查学生的高阶思维水平、实践能力、团队合作意识、科学态度与社会责任等,容易导致教师过分注重识记事实性知识,而忽视对学生的思维方法、科学探究能力、技术与工程实践能力的培养,造成素养缺失。

②小学科学纸笔测试的有效策略

· 紧扣课程标准,突出重点、难点

在纸笔测试中,要明确科学课程核心素养的内涵及课程内容,确保测试题目与课程标准要求一致,全面覆盖科学知识、思维方法、探究实践技能以及态度与责任等方面。在测试内容的选择上,应突出重点概念和关键技能,同时关注学生学习中的难点和易错点,以帮助学生巩固和深化理解。

· 设计情境化题目,采用多样化的题型

纸笔测试不应只是知识的记忆与再现,而应通过设计具体、生活化的情境,考查学生如何应用知识去解决问题。例如,可以设计一些与学生日常生活相关的试题背景,让学生在分析真实情境、提出问题、解决问题的过程中,展现其科学思维和解决问题的能力。不仅要关注学生是否解决了问题,更要关注其解决问题的过程,可采用多样化的题型,包括选择题、填空题、简答题、实验设计题、案例分析题等。利用每种题型的独特评价功能,从不同角度考查学生的思维水平和能力水平,从而全面评价学生的核心素养。

· 引入开放性题目,融合多学科知识

可以设计一些开放性问题,让学生自由发挥,提出自己的观点和解决方案。尝试将科学知识与数学、语文等其他学科知识相融合,设计一些跨学科的问题,让学生在综合运用多学科知识解决问题的过程中展现综合素养。

· 提高命题质量,完善评分标准

应加强命题的科学性和针对性,使测试试卷结构合理,难易适中,能够准确反映学生的学习水平。一般来说,试卷可以分为基础题、提高题和拓展题等部分,以满足不同层次学生的需求;避免使用模糊或具有歧义的表述,以减少学生理解上的误差。制订详细、明确的评分标准,对于客观题,如选择题、填空题等,可以根据标准答案直接评分;对于主观题,如简答题、实验题等,则需要根据评分标准和学生答案的实际情况进行综合评分。同时,加强对评价人员的培训和管理,提高其评分能力和专业素养。

• 注重评价结果的反馈与指导

纸笔测试的结果不仅是对学生科学素养的评价,更是对教学效果的反馈。测试结束后,教师应及时对测试结果进行统计和分析,了解学生的学习情况和存在的问题。根据测试反馈结果,教师应及时调整教学策略和方法,加强对学生薄弱环节的教学和辅导。同时,教师应将测试结果反馈给学生和家长,帮助他们了解学生的学习进展和需要改进的地方。教师还应不断完善测试内容和形式,提高测试的针对性和有效性。

(2)档案袋评价

档案袋是指按一定目的收集的反映学生学习过程以及最终产品的一整套资料,其制作过程涵盖了任务从起始阶段到完成阶段的整个跨度。档案袋评价,又称"学习档案评价"或"学生成长记录袋评价",是以档案袋为依据,对学生在科学学习过程中的表现进行的客观、综合评价。这种评价方式特别适用于小学科学教育,因为它能够全面、深入地展示学生的学习能力和科学素养。在小学科学课的学生档案袋中,通常会包括以下几方面内容:

实验报告。学生完成的科学实验报告,记录实验目的、实验步骤、实验数据和实验结论等。

观察记录。学生在科学观察活动中所做的记录,如动植物的生长变化、对天气现象的观察等。

科学小论文。学生对某个科学问题或现象进行深入研究和探讨后所写的论文。

科学作品。如科学手抄报、科学小制作等,展示学生的科学创造力和实践能力。

反思与评价。学生对自己的学习过程、作品以及成长历程的反思和评价,体现学生的自我认知和自我评价能力。

①小学科学档案袋评价的意义

第一,能够全面反映学生的学习过程。档案袋评价不仅关注学生的最终学习成果,如考试成绩或作品质量,更重要的是它记录了学生在学习过程中的努力、探索、思考和成长。这种评价方式能够全面、真实地反映学生的学习轨迹,帮助教师、家长和学生更深入地了解学生的学习状态和能力。

第二,能够促进学生自我反思和自我管理。通过整理和回顾档案袋中的内容,学生可以对自己的学习过程进行反思,认识到自己的优点和不足,从而进行自我管理和自我调整。这种自我反思和自我管理的能力对学生未来的学习和生活都具有重要意义。

第三,能够增强学生的自信心和学习动力。档案袋中记录了学生的学习成果和进步情况,每当学生看到自己在学习上的点滴进步时,都会增强他们的自信心和学习动力。这种积极的心态会促使学生更加努力地学习,形成良性循环。

第四,能够促进家校合作与沟通。档案袋评价为家校合作与沟通提供了重要的平台和载体。家长可以通过查看孩子的档案袋,了解孩子在学校的学习情况和成长历程,从而更加关注和支持孩子的学习。同时,教师也可以通过与家长的沟通,了解学生在家庭中的学习环境等情况,从而更有针对性地进行教学。

第五,能够推动教学方式的转变。档案袋评价要求教师在教学过程中关注学生的个体差异和学习过程,从而推动教师从传统的讲授式教学向探究式、合作式等更加灵活多样的教学方式转变。这种教学方式的转变有助于激发学生的学习兴趣和创造力,提高他们的科学素养和实践能力。

第六,能够为教育决策提供有力支持。档案袋评价提供了丰富的学生学习数据和信息,这些数据和信息可以为教育决策者提供有力的支持。通过对学生学习情况的全面了解和深入分析,教育决策者可以更加科学地制订教育政策和规划,推动科学教育的持续发展。

②小学科学档案袋评价的有效方法

小学科学档案袋评价是一种侧重于收集、整理和展示学生在科学学习过程中的各种表现和成果的评价方式。可以采用以下方法开展档案袋评价活动:

一要明确评价目的和评价标准。档案袋评价可以展示学生的学习成果、反映学生的进步历程、促进学生的自我反思等。为确保评价的公正性和客观性,其评价标准应根据小学科学课程标准和学生实际情况制订。

二要确定评价内容与形式。小学科学档案袋评价的内容应涵盖学生在科学学习过程中的各个方面,包括科学探究技能、科学概念理解、科学态度与价值观等。形式上,档案袋可以包括文字材料、图片、视频、实物等多种类型,以全面展示学生的学习成果和学习过程。

三要收集评价材料。收集材料是一个漫长的过程,需要耐心和毅力。要收集的材料有:

学生在科学学习过程中创作的各种作品,能体现学生的创新思维和实践能力,如实验报告、观察日记、科学小论文、科技小制作等。

教师对学生学习过程的观察和指导评价,能体现学生的自我反思和合作能力的学生自评和互评记录。

鼓励学生记录自己在科学学习过程中的观察和反思,这样能更好地帮助学生理解科学概念和原理,同时培养他们的科学态度和思维方式。如实验过程中的发现、遇到的困难及解决方法等。

学生在科学竞赛、科技活动中获得的证书和荣誉也可以作为档案袋的一部分,以展示他们的特长和成就。

四要整理与展示档案袋。将收集到的材料按照一定的逻辑顺序进行分类整理,如按照时间顺序、主题分类等。这样有助于清晰地展示学生的学习历程和学习成果。鼓励学生为档案袋设计一个吸引人的封面和详细的目录,以便读者快速了解档案袋的内容和结构。教师定期组织学生展示自己的档案袋,并进行交流和分享,增强学生的自信心和学习动力,促进同学之间的相互学习和启发。

五要反馈与改进。在档案袋评价过程中,教师应及时给予学生反馈,肯定他们的努力和成果,同时指出存在的问题和改进的方向。学生也应根据教师的反馈进行自我反思和改进,以不断提升自己的科学素养。

(3)表现性评价

表现性评价是一种侧重于评估学生在完成具体任务或项目过程中所展现出来的知识、技能、理解和态度的评价方式。与传统的纸笔测试不同,表现性评价通常要求学生在某种特定的真实或模拟情境中,运用已有知识完成某项任务或解决某个问题,以考查学生对知识与技能的掌握程度,以及问题解决、交流合作和批判性思考等多种能力的发展状况。

①小学科学表现性评价的特点

表现性评价是针对学生在科学学习过程中的表现进行评价的方法,它注重过程性评价和激励性评价相结合,关注学生的多方面表现,有利于教师及时了

解学生的学习情况和需求,对学生科学素养的形成具有重要意义。其主要特点如下:

真实性。表现性评价强调创设真实或模拟的情境,借助在此情境中的表现性任务,考查学生在现实生活中分析问题和解决问题的能力。

综合性。在解决现实问题时,往往需要多方面的知识与技能。表现性评价不仅关注学生对知识的掌握程度,还对其进行技能、思维方式、科学态度和社会责任等多角度、多侧面的能力考查。

过程性。表现性评价注重评价学生在完成任务或解决问题过程中的表现,而非仅仅关注最终的结果。

②小学科学表现性评价的实施步骤

小学科学表现性评价的实施是一个系统化、结构化的过程,具体步骤如下:

第一,明确评价目标与标准。将课程标准中关于科学素养的宏观要求转化为具体、可操作的教学目标,明确希望评估的具体内容,如学生的科学探究能力、实验操作技能、科学概念理解、创新思维等。根据教学目标,设定清晰、量化的表现性评价指标,如"能准确记录实验现象""能运用图表展示数据结果"等。

第二,设计多样化评价任务,全面考查学生的科学素养。如:植物生长观察日记、简易电路制作、水质测试等考查学生的动手能力、观察能力和问题解决能力的实验操作类任务;提出并验证一个科学假设、设计并实施一项小型研究项目,来评估学生的创新思维和对科研方法的掌握情况的科学探究类任务;制作科学小报、进行科学主题演讲或角色扮演,锻炼学生的科学传播能力和团队协作能力的科普讲解类任务。评价中要明确任务的具体要求,包括任务目标、时间限制、材料准备、评价标准等,确保学生能够清晰地理解任务要求并有针对性地展示自己的能力。

第三,准备教学资源与学习环境。为学生提供必要的教学资源,如学习资料、实验器材等;创设一个有利于学生进行科学探究的学习环境,包括实验室、图书资料室、网络学习平台等,用以支持学生完成任务。

第四,实施过程性评价。在教师的指导下,学生按照任务要求进行科学探究、实验操作或作品创作等活动。教师在日常教学中定期观察学生在各类科学活动中的表现,记录他们的行为、言语、作品等,作为评价的依据。利用在线问卷、电子投票系统、科学教育软件等工具收集学生的学习数据,实现实时、精准的评价反馈,引导学生自我反思和改进。鼓励学生创作视频、动画、PPT 等形式的科学作品,通过互联网平台分享交流,拓宽评价维度。鼓励学生相互评价实验报告、研究成果,以及对自己在学习过程中的表现进行自我评估,培养批判性思维和自主学习能力。邀请家长参与孩子的科学实践活动,如家庭实验、自然观察等,让家长了解并支持学校的科学教育,共同参与评价过程。与当地科技馆、博物馆、科研机构等合作,组织实地考察、专家讲座等活动,丰富评价场景,提升评价实效性。

第五,建立反馈与改进机制。教师要定期向学生和家长通报评价结果,指出优点与不足,提出改进建议,形成积极的学习氛围。根据评价反馈,优化评价任务设计,及时调整教学内容和方法,确保评价的有效性和针对性。最后对整个评价过程进行复盘、总结,分析评价方法的有效性和可靠性,为今后的评价工作提供参考。

通过以上步骤的实施,能够全面、客观地评估学生的科学素养和综合能力;同时,也为教师提供了科学、有效的教学策略,有助于改进课堂教学效果,提升教学质量。

综上所述,小学科学的教学评价是一项系统工程。新课标需要新评价,创新人才培养需要创新教学评价。构建一个科学、合理、有效的评价体系,是每一位科学教师都要不断深入研究的课题。为了学生的"真得",我们不仅要好评,而且还要会评。

参考文献

[1]王本陆.课程与教学论[M].北京:高等教育出版社,2017.

[2]钟启泉,汪霞,王文静.课程与教学论[M].上海:华东师范大学出版社,2008.

[3]王晞.课堂教学技能[M].福建:福建教育出版社,2008.

[4]吴刚平,李茂森,闫艳.课程资源论[M].北京:北京师范大学出版社,2014.

[5]王强,郑萍,郭明.小学科学实验教学论[M].北京:人民教育出版社,2015.

[6]叶勤,张瑞芳.小学科学技能训练教程[M].北京:高等教育出版社,2019.

[7]胡卫平,刘守印.义务教育科学课程标准(2022年版)解读[M].北京:高等教育出版社,2022.

[8]彭蜀晋,林长春.科学课程与教学论[M].北京:高等教育出版社,2005.

[9]林长春,彭蜀晋.小学科学课程与教学[M].重庆:西南师范大学出版社,2019.

[10]张二庆,乔建生.小学科学课程与教学论[M].北京:北京师范大学出版社,2016.

[11]孔繁成.新课程理念下的小学科学教育理论与实践[M].辽宁:辽宁大学出版社,2008.

[12]中华人民共和国教育部制定.义务教育科学课程标准(2022年版)[M].北京:北京师范大学出版社,2022.

[13]吴成军.生物学学科核心素养的教学与评价[M].上海:华东师范大学出版社,2020.

[14]刘月霞,郭华.深度学习:走向核心素养[M].北京:教育科学出版社,2018.

[15]赵才欣,韩艳梅等.如何备课[M].上海:华东师范大学出版社,2009.

[16]邓栩.小学课堂管理[M].北京:北京师范大学出版社,2015.

[17]吴刚平.课程资源的开发与利用[J].全球教育展望,2001,24-30.

[18]徐继存,段兆兵,陈琼.论课程资源及其开发与利用[J].学科教育,2002(2),1-5+26.

[19]刘克健.小学科学课程资源的开发与利用[D].南京师范大学,2004.

[20]范蔚.实施综合实践活动对课程资源的开发利用[J].教育科学研究,2002

（3），32-34＋47.

[21]段兆兵.课程资源的内涵与有效开发[J].课程教材教法,2003(3),26-30.

[22]褚宏启.核心素养的国际视野与中国立场——21世纪中国的国民素质提升与教育目标转型[J].教育研究,2016(11),8-18.

[23]崔允漷,邵朝友.试论核心素养的课程意义[J].全球教育展望,2017(10),24-33.

[24]余文森.论学科核心素养的课程论意义[J].教育研究,2018(3),129-135.

[25]崔允漷.追问"核心素养"[J].全球教育展望,2016(5),3-10＋20.

[26]郝京华.小学少儿工程院课程的探索[J].

[27]国红梅.有效开发和利用课程资源[J].小学科学,2024(11),7.